青少年
综合素质培养课

青少年

品 质
培养课

感恩

杜兴东 编著

全球经典的品质培养成长书系之一

你的人生第一课

北京出版集团
北京出版社

U0669904

图书在版编目（CIP）数据

青少年品质培养课 . 感恩 / 杜兴东编著 . — 北京 ：
北京出版社，2014.1
（青少年综合素质培养课）
ISBN 978 - 7 - 200 - 10277 - 2

Ⅰ. ①青… Ⅱ. ①杜… Ⅲ. ①青少年教育—品德教育
Ⅳ. ①D432. 62

中国版本图书馆 CIP 数据核字（2013）第 282807 号

青少年综合素质培养课
青少年品质培养课　感恩
QING-SHAONIAN PINZHI PEIYANGKE　GAN'EN
杜兴东　编著
*
北 京 出 版 集 团
北 京 出 版 社　出版
（北京北三环中路 6 号）
邮政编码：100120
网　　址：www . bph . com . cn
北 京 出 版 集 团 总 发 行
新 华 书 店 经 销
三河市同力彩印有限公司印刷
*
787 毫米×1092 毫米　16 开本　12 印张　170 千字
2014 年 1 月第 1 版　2023 年 2 月第 4 次印刷
ISBN 978 - 7 - 200 - 10277 - 2
定价：32. 00 元
如有印装质量问题，由本社负责调换
质量监督电话：010 - 58572393
责任编辑电话：010 - 58572775

前言：惜福感恩，让当下变福田

　　有一位富翁，为了教每天精神不振的孩子知福惜福，便让他到当地最贫穷的村落住了一个月。一个月后，孩子精神饱满地回家了，脸上并没有带着"下放"的不悦，让富爸爸感到不可思议。爸爸想要知道孩子有何领悟，问儿子："怎样？现在你知道，不是每个人都能像我们一样过得这么好吧？"

　　儿子说："是的，他们过的日子比我们还好。因为我们晚上只有灯，他们却有满天星空。我们必须花钱才买得到食物，他们吃的却是在自己的土地上栽种的免费粮食。

　　我们只有一个小花园，对他们来说到处都是花园。

　　我们听到的都是噪音，他们听到的都是自然音乐。

　　我们工作时神经紧绷，他们一边工作一边大声唱歌。

　　我们要管理用人、管理员工，他们只要管好自己。

　　我们要关在房子里吹冷气，他们在树下乘凉。

　　我们担心有人来偷钱，他们没什么好担心的。

　　我们老是嫌菜不好，他们有东西吃就很开心。

　　我们常常失眠，他们睡得好安稳。所以谢谢你，爸爸。你让我知道，我们也可以过得那么好。"

　　生活中有很多人，无论思想还是为人处世，都有许多不成熟的地方，却又敏感异常。他们希望事事做到完美，人人都能赞许他。但当这种想法不能实现时，他们就很轻易地陷人不如意的境地，觉得自己是全世界最倒霉的人了。

也许你并不确切地了解自己幸运与否。没关系，这儿有一份专家们的"全球报告"，来细细地对照一下吧：

如果我们将全世界的人口压缩成一个100人的村庄，那么这个村庄将有：

57名亚洲人，21名欧洲人，14名美洲人和大洋洲人，8名非洲人；52名女人和48名男人；30名白人和70名非基督教徒；89名异性恋和11名同性恋。

6人拥有全村财富的89%，而这6人均来自美国；80人住房条件不好；70人为文盲；50人营养不良；1人正在死亡；1人正在出生；1人拥有电脑；1人（对，只有一人）拥有大学文凭。

如果我们从这种压缩的角度来认识世界，我们就能发现：

假如你的冰箱里有食物可吃，身上有衣可穿，有房可住，有床可睡，那么你比世界上75%的人都富有。

假如你在银行有存款，钱包里有现钞，口袋里有零钱，那么你属于世界上8%最幸运的人。

假如你父母双全没有离异，那你就是很稀有的地球人。

假如你今天早晨起床时身体健康，没有疾病，那么你比其他几千万人都幸运，他们甚至看不到下周的太阳。

假如你从未尝试过战争的危险、牢狱的孤独、酷刑的折磨和饥饿的煎熬，那么你的处境比其他5亿人更好。

假如你能随便进出教堂或寺庙而没有任何被恐吓、强暴和杀害的危险，那么你比其他30亿人更有运气。

假如你读了以上的文字，说明你就不属于20亿文盲中的一员，他们每天都在为不识字而痛苦……

看吧，我们原来是这么幸运。只要肯用感恩的心去面对，用感恩的心去体会，我们当下拥有的，足以幸福一生了。

目　录

第一章
感恩生活对我们的情分

如果你对当下存有偏见，就会把过去或者未来想象得很美好。可是无论是过去还是未来，都不过是思维的一种幻象。我们真正能够融入和把握的，就只有当下。所以，与其带着偏见去折磨自己的当下，莫不如心怀感恩去享受当下的美好时光。

活着，就是一种莫大的幸福

有位青年，厌倦了生活的平淡，感到一切只是无聊和痛苦。为寻求刺激，青年参加了挑战极限的活动。活动规则是：一个人待在山洞里，无光无火亦无粮，每天只供应5千克的水，时间为整整5个昼夜。

第一天，青年颇觉刺激。

第二天，饥饿、孤独、恐惧一齐袭来，四周漆黑一片，听不到任何声响。于是他有点向往起平日里的无忧无虑来。

他想起了乡下的老母亲不远千里地赶来，只为送一坛韭菜花酱以及小孙子的一双虎头鞋。他想起了终日相伴的妻子在寒夜里为自己披好被子。他想起了宝贝儿子为自己端的第一杯水。他甚至想起了与他发生争执的同事曾经给自己买过的一份工作餐……渐渐地，他后悔起平日里对生活的态度来：懒懒散散，敷衍了事，冷漠虚伪，无所作为。

到了第三天，他几乎要饿昏过去。可是一想到人世间的种种美好，便坚持了下来。第四天、第五天，他仍然在饥饿、孤独、极大的恐惧中反思过去，向往未来。

他责骂自己竟然忘记了母亲的生日；他遗憾妻子分娩之时未尽照料义务；他后悔听信流言与好友分道扬镳……他这才觉出需要他努力弥补的事情竟是那么多。可是，连他自己也不知道，他能不能挺过最后一关。此时，泪流满面的他发现：洞门开了。阳光照射进来，白云就在眼前，淡淡的花香，悦耳的鸟鸣——他又迎来了一个美好的人间。

青年扶着石壁蹒跚着走出山洞，脸上浮现出了一丝难得的笑容。五天来，他一直用心在说一句话，那就是：生命是上天赠与我们的美意，活着才是幸福。

有时候我们因为没有明白上天的美意而常常抱怨，以为生活就是一种折磨。可是，当我们放下苦难的包袱，敲开自己的心扉，积极地对待生活中的每一天时，我们才发现，原来生活并非全是苦难，当我们细心品味的时候，就能发现幸福。

幸福是简单的，没有过多的附加条件。拥有的名和利，不会成为幸福与否的评估条件，相反的，过于追求那些事物会让我们失去幸福。

一位名人去世了，朋友们都来参加他的追悼会。昔日前呼后拥、香车宝马的名人躺在骨灰盒里，百万家财不再属于他，宽敞的楼房也不再属于他，他所拥有的只有一个骨灰盒大小的空间，山珍海味浇灌的肚子也化成了一把灰烬。

从名人的追悼会上回来，几乎每一个人都会产生看破红尘的念头，那么聪明的一个人，那么会算计的一个人，每一个曾经与他斗的人最终都败下阵来，可是他斗来斗去也斗不过命。撒手人寰以后，一切都是空。

人们想：趁现在好好活着吧，珍惜自己的生命，珍视自己的生活，就是一种幸福，什么利、权、势，轰轰烈烈了一世，最后还不是一个人孤零零地走路？以前踩着那么多人的肩膀向上爬，得罪了那么多人，值吗？

追悼会是一次洗礼。从死亡的身边经过以后，才知道幸福是怎么回事。

可是，明天还是要忙忙碌碌地奔波，钩心斗角地生活。

一边是死亡的震撼，一边是活着的琐碎，我们很容易被死亡所震撼，然而我们更容易被活着的琐碎所淹没。不要去在意那些繁杂的纠葛、苦痛、伤害、低迷等，一切的一切仅仅是生活中小小的注脚而已。活着，即意味着追求幸福的资本和契机。活着就是幸福，让我们好好珍惜现在鲜活的生命。

你的生命是上天的美意

人生总是那么短暂，有时候心怀梦想，想要按照计划去实行，可是似乎计划还没有定完，一段青春的岁月就这么溜走了。不知不觉，人生已经到了暮年，也许再转眼，就划过了所有的美好岁月，走向了人生的尽头。每天，都有无数生命像流星一样划过天际，消失在茫茫夜空当中。是哀叹、漠然，还是反思、爱惜？

曾在报刊上读过一篇关于生命的文章：

一个炎热的上午10时整，蝉发表了他的第一篇作品。他讲到世事：炎热。

同一天11时，它还在鸣叫，并没有改变他的调子，而且扩大了他的主旋律。他讲到清晨：爱情。

在酷热的午后时分，当爱情与炎热带来的伤感动摇了他时，他心灵的交响乐进入了伟大的乐章，于是他说：死亡。

但是这事还没有结束。晚餐以后，他把炎热、爱情、死亡编织成最后一节，比其他各节更为精妙，而且没有那么嘈杂。他还掌握着最后一个英雄般的单音节词。

生命，他回忆着说：生命。

生命，即使如火焰、如昙花，只要学会珍惜，它便永存那一刹的动人与璀璨。

当代作家毕淑敏在谈到自己生命的经历时，曾说：我16岁时离开北京到西藏阿里当兵，是我记忆最深刻的人生转折。我从小的生活经历决定，我对于农村的想象空间也仅限于住土房子、吃窝头，而到了阿里，零下40多摄氏度的酷寒、海拔5000米以上带来的缺氧、八九个月接不到任何信件、吃不到任何蔬菜，等等，那该不是外星吧？我吓坏了！我真正地感受到，人的生命太脆弱了，因为我们还时时会面对死亡。

那时我们没有任何娱乐的条件，没过多久几个人连话都说尽了，我因此常常一个人呆坐着看冰雪，一看就是几个小时，现在想来，那简直就是"面壁"……原始人的生活不过如此吧？

但是，我在那时有很多冥想，人从哪里来，要到哪里去，看冰雪的时候仿佛看出了人生的很多问题。我记得康德有一句话说："人对于崇高的认识来源于恐惧。"可能吧，于是我决心自己的一生要过得有趣有意义，还要于他人有益。

那十多年的生活让一种观念横贯我的一生，那就是珍惜生命。有人曾经对我的小说等作品做专门研究发现，我用"生命""死亡"，特别是"温暖"这样的词汇特别多，大概是因为我当年被冻怕了。

不管怎么说，后来我的作品总是要把自己在高原所体验到的生命的宝贵，传达给他人。那是在我长篇小说里一以贯之的主题——爱惜生命。

是的，我们每个人都应该爱惜生命。因为生命是上天对我们的美意，能够拥有生命就是我们最大的幸福。但是，如果人的生命就好像一朵盛开的花朵，你可以绚烂辉煌，香气袭人；或者苍白暗淡，寂寂无声。一切在于你珍惜与否。生命也是脆弱的，面对如此脆弱的生命，我们唯一能做的，就是珍惜生命中的每一天，不虚度任何一天。

感恩生活对我们的情分

被称为战国四君子之一的孟尝君有一段经历很值得我们今天的人一读。

孟尝君在自己的领地广招门人食客，并给予优厚的待遇。于是，天下有识之士，都竞相投奔归附。一时间，食客就达数千人，影响甚大。秦国对孟尝君的才能深为恐惧，便使用了离间之计，使孟尝君失去了齐国相国的职务。树倒猢狲散，他的食客也接二连三地离开了他。

后来，他的食客中有位叫冯谖的人，用计使孟尝君官复原职。孟尝君感叹地对冯谖说道："我对待客人很热情，在招待上也没什么疏忽，以致食客人数达到了三千有余。但是我一旦失去地位，他们全都背弃我而去，没有人来看望我。幸好有你助我一臂之力，才重新恢复了地位。看那些家伙有什么脸面再来见我？如有厚着脸皮回到我这儿来的人，我必将朝他脸上啐唾沫而大加羞辱。"

冯谖却对他说："富贵时，大家都来投奔；落魄了，朋友四处流散，这是理所当然的。您看菜市场，早晨熙熙攘攘，到了晚上就变得空空荡荡了。这并不是人们喜欢早晨，讨厌晚上，而是因为早晨有要买的东西，所以人们聚集到市场上，而晚上没有东西可买，人们就不去市场了。食客们由于您丧失地位而离开您也与此相同，这是由于他们所求的东西没有了，所以您不应该记恨他们。"

孟尝君听冯谖这样一说，立刻心领神会，仍一如既往地对待再次归附到他门下的食客们。孟尝君虽然愤怒，但还是替别人多想了一些：食客们之所以投奔而来，是对自己抱有很大的期望，想在相国身边干些业绩；自己失势了，对方的期望落空了，哪有不走之理？所以，是自己的沉浮，影响了他们的去留。想通了之后，孟尝君不再记恨他们，照样敞开胸怀接纳这些人，体现了自己的君子风度。

什么是胸怀？这就是胸怀。人非圣贤，孰能无过？每个人都会犯错，或者换句话说，每个人都有自己不同的选择。人们常说得理不饶人，其实得饶人处且饶人，这才是做人的大度。如今，很多人都抱怨人情淡漠，世态炎凉，人间沧桑，可是这些并不是今天的社会才有，而是古而有之。古人也同样经历了这些苍凉的往事，只不过有度量的人不会把宝贵的经历用在记恨他人的身上——何况这样做也不值得，没有任何价值，因此看穿了人性中势利与无奈的一面，也就学会了宽大为怀，正是因为懂得，所以慈悲。

生活在这个世界上，有时候我们会遭遇孟尝君一样的背叛，假如我们不能了解别人的期待与失望，也就无法打开自己的心结。而一个耿耿于怀的人，伤害的不仅是别人，还有自己的快乐与内心。

禅宗里曾经有这样一个故事。弟子问老师这样三个问题：第一，我怎么才能得到解脱？第二，我怎么样能找到净土？第三，如何才叫涅槃？他的老师听了之后，微微一笑，反问道：首先，你求解脱，那么现在是谁绑住你？其次，你求净土，现在又是谁污染了你？最后，你问我什么才是涅槃，那么你想过吗？是谁把生和死给了你？

这三个问题是弟子困扰已久的，其实也是我们每个人每一天几乎都会遇到的。我们在生活中，会不会因为朋友聚会没有邀请我们而感到不开心呢？因为领导给其他同事涨了工资而自己觉得不痛快？因为许多我们设想的好事没有轮到自己的头上，而觉得不开心、不顺畅呢？恐怕每个人都有。就像小孩子在考试看到墙上没有自己的小红花一样。

但是，麻烦就像滚雪球，我们越是去思量，就会越觉得别扭，越别扭心里就越纠结，这个疙瘩就怎么也打不开。遇到这样的时候，其实我们不妨这样想：给我是情分，不给我是本分。我认真工作，诚恳待人，早晚会得到别人认可的。

我们可以设想一下孟尝君的处境，是不是也可以这样来思考食客的问题：你来是对我的看重和依靠，我感谢你对我的信任。你走是寻求自己更大的背景，找到比我好的"靠山"，我替你感到骄傲。实际上，用现在网上流行的话来说，就是：你来，我当你不会走；你走，我当你没有来过。如果我们能够以这样的心态来面对人生和社会，那么还有什么不能大事化小，小事化了的呢？能够以自己的力量化解生活中的难题，就是生命的大智慧。

就像于丹曾经说过的话："当这个世界给你情分的时候，当经典给你智慧的时候，你要学会感恩。学会感恩，我们的心灵才得以获得重生的力量，然后我们才可能有一个博大的胸怀去回报，去爱这个世界，去平等地对待世间万物。"

眼光是为看到现时的喜乐而存在的

　　我们的眼光是为了看到现时的喜乐而存在的，如果始终将目光停留在消极之处，那么你只会变得越来越沮丧、自卑，无缘无故给自己增添烦恼，还会影响你的身心健康。结果，你的人生就可能被失败的阴影遮蔽它本该有的光辉。悲观失望的人在挫折面前，会陷入不能自拔的困境。乐观向上的人即使在绝境之中，也能看到一线生机，并为此释然。

　　尤利乌斯是一个画家，而且是一个很不错的画家。他画快乐的世界，因为他自己就是一个快乐的人。不过没人买他的画，因此他想起来会有点伤感，但只是一会儿。

　　他的朋友们劝他："玩玩足球彩票吧！只花两马克便可赢很多钱！"

　　于是尤利乌斯花两马克买了一张彩票，并真的中了彩！他赚了50万马克。

　　他的朋友都对他说："你瞧！你多走运啊！现在你还经常画画吗？"

　　"我现在就只画支票上的数字！"尤利乌斯笑道。

　　尤利乌斯买了一幢别墅并对它进行了一番装饰。他很有品位，买了许多好东西：阿富汗地毯、维也纳柜橱、佛罗伦萨小桌、迈森瓷器，还有古老的威尼斯吊灯。

　　尤利乌斯很满足地坐下来，他点燃一支香烟静静地享受他的幸福。突然他感到好孤单，便想去看看朋友。他把烟往地上一扔，在原来那个石头做的画室里他经常这样做，然后他就出去了。

　　燃烧着的香烟躺在地上，躺在华丽的阿富汗地毯上……一个小时以后，别墅变成一片火的海洋，它完全烧没了。

　　朋友们很快就知道了这个消息，他们都来安慰尤利乌斯。

"尤利乌斯，真是不幸呀！"他们说。

"怎么不幸了？"他问。

"损失呀！尤利乌斯，你现在什么都没有了。"

"什么呀？不过是损失了两个马克。"

朋友们为了失去的别墅而惋惜，可是尤利乌斯不在意，正如他所说的，不过是两马克，怎么能够影响他正常的生活，让他陷入悲伤之中呢？由此可见，事情本身并不重要，重要的是面对事情的态度。只要有一双能够发现美好事物的眼睛，有一颗保持乐观的心，那么即使是再悲惨的事情，也不会让我们悲伤。

我们都有这样的感受：快乐开心的人在我们的记忆里会留存很长的时间，因为我们更愿意留下快乐的而不是悲伤的记忆。每当我们回想起那些勇敢且愉快的人们时，我们总能感受到一种柔和的亲切感。

19 世纪英国较有影响的诗人胡德曾说过："即使到了我生命的最后一天，我也要像太阳一样，总是面对着事物光明的一面。"到处都有明媚宜人的阳光，勇敢的人一路纵情歌唱。即使在乌云的笼罩之下，他也会充满对美好未来的期待，跳动的心灵一刻都不曾沮丧悲观；不管他从事什么行业，他都会觉得工作很重要、很体面；即使他穿的衣服褴褛不堪，也无碍于他的尊严；他不仅自己感到快乐，也给别人带来快乐。

千万不要让眼光停留在消极之处，让自己心情变得越来越消沉，一旦发现有这种倾向就要马上避免。我们应该养成乐观的个性，面对所有的打击我们都要坚韧地承受，面对生活的阴影我们也要勇敢地克服。要知道，任何事物总有光明的一面，我们应该去发现光明、美好的一面。垂头丧气和心情沮丧是非常危险的，这种情绪会减少我们生活的乐趣，甚至会毁灭我们的生活。

享受现时的平安和喜乐

生活中常有这种事情：来到跟前的往往轻易放过，远在天边的却又苦苦追求；占有它时感到平淡无味，失去它时方觉可贵。可悲的是，这种事情经常发生，我们却依然觊觎那些"得不到"的，跌入这种"得不到的总是最好的"的陷阱中，遗失了我们身边的宝贝。

从前，有一个人，他生前善良且热心助人，所以在他死后，升上天堂，做了天使。他当了天使后，仍时常到凡间帮助人，希望感受到幸福的味道。

一日，他遇见一个农夫，农夫的样子非常苦恼，他向天使诉说："我家的水牛病死了，没它帮忙犁田，那我怎能下田作业呢？"

于是天使赐他一头健壮的水牛，农夫很高兴，天使在他身上感受到幸福的味道。

又一日，他遇见一个男人，男人非常沮丧，他向天使诉说："我的钱被骗光了，没盘缠回乡。"

于是天使给他银两做路费，男人很高兴，天使在他身上感受到幸福的味道。

又一日，他遇见一个诗人，诗人年轻、英俊、有才华且富有，妻子貌美而温柔，但他过得不快活。

天使问他："你不快乐吗？我能帮你吗？"

诗人对天使说："我什么都有，只欠一样东西，你能够给我吗？"

天使回答说："可以。你要什么我都可以给你。"

诗人直直地望着天使："我要的是幸福。"

这下子把天使难倒了，天使想了想，说："我明白了。"

然后把诗人所拥有的都拿走了。

天使拿走诗人的才华，毁去他的容貌，夺去他的财产和他妻子的性命。

天使做完这些事后，便离去了。

一个月后，天使再回到诗人的身边，他那时饿得半死，衣衫褴褛地躺在地上挣扎。

于是，天使把他的一切还给他。

然后，又离去了。

半个月后，天使再去看诗人。

这次，诗人搂着妻子，不住地向天使道谢。

因为，他得到幸福了。

每个人都可以享受生活的幸福，因为幸福从来不曾走远，而就在当下。有的人会把现时的平安和喜乐看作是上帝的一种恩赐，怀着感恩的心情去享用，还有的人则会把手中的喜乐随意丢弃，就如同故事中的主人公一样，即使已经拥有了很多幸福的事物，他一点也看不见，还在为了那些没有得到的东西而不停地抱怨。很多人只懂得为错过的太阳流泪，却眼睁睁地看着群星从眼前消失，最后，一切都成云烟，一切都成虚无。

逝去的如昙花一现，转瞬成灰，只刻在记忆中；未来如雾里看花，虚虚实实无法把握；聪明的人只会认真把握转瞬即逝的现在。由此可见，珍惜你拥有的一切，享受现时的平安和喜乐，才能得到幸福。

第二章

感谢上苍的恩典

如果生活是杯，福分是水，可是杯子里只有一半的水，我们是应该注意满的半部分还是未满的半部分呢？都不是。我们需要的是用自己的平安和喜乐续杯，直到杯子里的幸福溢出来为止。

悲痛之中暗藏福分

托尔斯泰在他的散文名篇《我的忏悔》中讲了这样一个故事：

一个男人被一只老虎追赶而掉下悬崖，庆幸的是在跌落过程中他抓住了一棵生长在悬崖边的小灌木。此时，他发现，头顶上那只老虎正虎视眈眈，低头一看，悬崖底下还有一只老虎；更糟的是，两只老鼠正在啃咬悬着他生命的小灌木的根须。绝望中，他突然发现附近生长着一簇野草莓，伸手可及。于是，这人拽下草莓，塞进嘴里，自语道："多甜啊！"

生命进程中，当痛苦、绝望、不幸和危难向你逼近的时候，你是否还能享受一下野草莓的滋味？"尘世永远是苦海，天堂才有永恒的快乐。"这是禁欲主义编撰的用以蛊惑人心的谎言，而苦中求乐才是快乐的真谛。

"二战"期间，一位名叫伊丽莎白·康黎的女士在庆祝盟军在北非获胜的那一天收到了一份电报，她的侄儿，她最爱的一个人死在战场上了。她无法接受这个事实，她决定放弃工作，远离家乡，把自己永远藏在孤独和眼泪之中。

正当她清理东西，准备辞职的时候，忽然发现了一封早年的信，那是她侄儿在她母亲去世时写给她的。信上这样写道："我知道你会撑过去。我永远不会忘记你曾教导我的：不论在哪里，都要勇敢地面对生活。我永远记着你的微笑，像男子汉那样，能够承受一切的微笑。"她把这封信读了一遍又一遍，似乎他就在她身边，一双炽热的眼睛望着她：你为什么不照你教导我的去做？

康黎打消了辞职的念头，一再对自己说：我应该把悲痛藏在微笑下面，继续生活，因为事情已经是这样了，我没有能力改变它，但我有能力继续生活下去。

人生是一张单程车票，一去无返。陷在痛苦泥潭里不能自拔，只会与快乐无缘。告别痛苦的手得由你自己来挥动，享受今天盛开的玫瑰的捷径只有一条：坚决与过去分手。

"祸福相依"最能说明痛苦与快乐的辩证关系，贝多芬"用泪水播种欢乐"的人生体验生动形象地道出了痛苦的正面作用，传奇人物艾柯卡的经历更传神地阐明了快乐与痛苦的内在联系。

艾柯卡靠自己的奋斗终于当上了福特公司的总经理。1978年7月13日，有点得意忘形的艾柯卡被妒火中烧的大老板亨利·福特开除了。在福特工作已32年，当了8年总经理，一帆风顺的艾柯卡突然间失业了。艾柯卡痛不欲生，他开始酗酒，对自己失去了信心，认为自己要彻底崩溃了。

就在这时，艾柯卡接受了一个新挑战——应聘到濒临破产的克莱斯勒汽车公司出任总经理。凭着他的智慧、胆识和魅力。艾柯卡大刀阔斧地对克莱斯勒进行了整顿、改革，并向政府求援。他舌战国会议员，取得了巨额贷款，重振企业雄风。在艾柯卡的领导下，克莱斯勒公司在最黑暗的日子里推出了K型车的计划，此计划的成功令克莱斯勒起死回生，成为仅次于通用汽车公司、福特汽车公司的第三大汽车公司。1983年7月13日，艾柯卡把生平仅有的面额高达813亿美元的支票交到银行代表手里，至此，克莱斯勒还清了所有债务，而恰恰是5年前的这一天，亨利·福特开除了他。事后，艾柯卡深有感触地说：奋力向前，哪怕时运不济；永不绝望，哪怕天崩地裂。

罗曼·罗兰说："痛苦像一把犁，它一面犁破了你的心，一面掘开了生命的新起源。古人讲："不知生，焉知死？"不知苦痛，怎能体会到幸福和快乐？痛苦就像一枚青青的橄榄，品尝后才知其甘甜，这品尝需要勇气！其实，要让自己幸福非常简单，那就是少一分欲望，多一分自信；在身处绝境时，懂得苦中求乐，懂得咬牙坚持才是人生的真谛。

福由心生

我们每天都要经历不同的事情。随着事情的好坏，我们的心情会跟着起伏。于是，从表面上来看，是事情在影响着心情。但是，事情的存在是客观的，不论你心情好坏，你都不可能让已经发生的事情消失或者发生改变。所以，我们所谓的"好"与"坏"，不过是通过自己的心里给事物下的定义。好的程度，坏的程度，也是按照你的心情来衡量的；事情对你产生的影响，也是你通过自己的内心来判断的。你内心的判断，决定了你的态度、心情和命运。

我们对待生活的态度，取决于自己的内心。同样，生活可能反馈给我们的影响，也取决于我们的内心。如果内心是悲观的、消极的，那么我们从生活中接收到的一切信息都将是伤感的、带着痛苦的；如果内心是乐观的、积极的，那么不管生活给予了我们什么，我们都能感觉到同样的幸福和快乐。

有一位哲学家，当他是单身汉的时候，和几个朋友一起住在一间小屋里。尽管生活非常不便，但是，他总是觉得自己很快乐、很幸福。

有人问他："那么多人挤在一起，连转个身都困难，这样的生活也能算作是幸福吗？"

哲学家说："朋友们在一块儿，随时都可以交换思想、交流感情，这难道不是一种幸福吗？"

过了一段时间，朋友们一个个相继成家了，先后搬了出去。屋子里只剩下了哲学家一个人，但是每天他仍然很快活。

那人又问："你一个人孤孤单单的，这样的生活你还觉得幸福吗？"

"我有很多书啊！一本书就是一个老师。和这么多老师在一起，时时刻刻都可以向它们请教，这怎能不让人觉得幸福呢？"

几年后，哲学家也成了家，搬进了一座大楼里。这座大楼有七层，他的家在最底层。底层在这座楼里环境是最差的，上面老是往下面泼污水、丢死老鼠、破鞋子、臭袜子和杂七杂八的脏东西。那人见他还是一副自得其乐的样子，好奇地问："你住这样的房间，也感到幸福吗?"

"是呀! 你不知道住一楼有多少妙处啊! 比如，进门就是家，不用爬很高的楼梯；搬东西方便，不必费很大的劲儿；朋友来访容易，用不着一层楼一层楼地去叩门询问……特别让我满意的是，可以在空地上养些花、种些菜。这些乐趣呀，数之不尽啊!"

后来，那人遇到哲学家的学生，问道："你的老师总是觉得自己很幸福，我却感到，他每次所处的环境并不那么好呀。"

学生笑着说："决定一个人幸福与否，不是在于环境，而在于心境。"

福由心生。我们的心灵就如同一块磁石。积极乐观的心灵，吸引过来的总是幸福和快乐；消极悲观的心灵，吸引过来的总是伤感和悲痛。幸运的人，并不是命运的天平总是倾向于他，而是他在内心里不停地呼唤幸运，所以他最终获得了幸运；不幸的人，一遍又一遍地诅咒生活，本来不是悲惨的生活，却因为悲观的心灵而将生活弄得乱七八糟了。

不要抱怨上苍

有很多人害怕经历困难和挫折，所以在面临逆境的时候总是抱怨上苍不曾给他祝福，不曾给他恩典。可是他怎么会得不到上苍的祝福呢？因为他的境遇太过顺利了，所以上苍故意安排了苦难，让他得到更多的磨炼。而且，他现时所面临的苦难，也没有超过他的承受能力。

上苍对每个人都是带着祝福的。如果我们承担苦难的能力已经到达了极限，那么上苍肯定会给我们最终的恩典。所以，如果我们还在苦难里不曾得到上苍赠与的幸运，不是上苍将我们遗忘了，而是我们的处境还不需要上苍的恩典。

道本连自己的名字都不会写，却在大阪的一所中学当了几十年的校工。尽管工资不多，但他已经很满足生活为他所安排的一切。就在他快要退休时，新上任的校长以他"连字都不认识，却在校园工作，太不可思议了"为由，将他辞退了。

道本恋恋不舍地离开了校园。突然地失去工作让他没办法适应，他甚至抱怨生活为什么不曾给予他恩典，却要用丢掉工作的苦难折磨他。可是，抱怨也没有补救的办法，他只能独自忍受着这份难过和失落。

这一天，他像往常一样去为自己的晚餐买半磅香肠，但快到食品店门前时，他想起食品店已经关门多日了。而不巧的是，附近街区竟然没有第二家卖香肠的。忽然，一个念头在他脑海里闪过——为什么我不开一家专卖香肠的小店呢？他很快拿出自己仅有的一点积蓄开了一家食品店，专门卖起香肠来。

因为道本灵活多变的经营，十年后，他成了一家熟食加工公司的总裁，他的香肠连锁店遍及了大阪的大街小巷，并且是产、供、销

"一条龙"服务，颇有名气的道本香肠制作技术学校也应运而生。

一天，当年辞退他的校长得知这位著名的董事长识字不多时，便十分敬佩地称赞他："道本先生，您没有受过正规的学校教育，却拥有如此成功的事业，实在是太不可思议了。"

道本诚恳地回答："真感谢您当初辞退了我，让我摔了跟头，从那之后我才认识到自己还能干更多的事情。否则，我现在肯定还是一位靠一点退休金过日子的校工。"

被辞退的日子是难过的，道本对以前工作的"恋恋不舍"中其实也包含了对上苍的抱怨，因为它改变了他生活的原有模式，让他从稳定的生活走向了未知的颠簸。他或许也在抱怨生活为什么不给予他恩典，因为在失去工作以后，他的日子明显比以前难过了。可是，很快地，他发现了新的赚钱渠道，甚至从中获得了更大的成就。如此看来，之前的苦难并不是上苍故意对他的折磨，而是为了在折磨之后赠与他新的发展机遇。

苦难是不受欢迎的。在身心饱受痛苦的洗礼的时候，不要抱怨上苍不曾给予你恩典，而是需要积极地面对，征服生活的一切难题，你就会发现，生活的恩典一直都在你的身边，它不过是换了一种方式而已。

当下的恩典足够你享用

来自生活上的打击常常会使人变得沮丧，筋疲力尽。这个时候，你的力量是微弱的，很多人都会屈服于这种脆弱的力量当中。面对这样的情况，我们常常会被悲观与失望吞噬，抱怨命运不曾给予过多的恩典。可是你当下的恩典已经足够你享受，根本用不着命运额外的馈赠。

有一位50多岁的先生曾经去找心理医生咨询。他的意志很消沉，看得出来他非常绝望。他说他完了，没有任何希望了。他告诉心理医生他费尽一生心血赢得的所有东西都没了。

"所有？"心理医生问他。

"所有！一切都没了，没有任何希望了，而且我太老了，不可能重新来过。我一点信心都没有了。"

心理医生能理解他的想法，也很同情他，但他的主要问题很显然是被绝望操控了内心，使他看不到希望。在这个被扭曲的想法后面，他剩下的只有一个软弱无力的躯壳。

心理医生拿出一张纸，让他把剩余的财产写下来。

他叹了口气，说："没用了，我想我已经告诉过你了。我什么也没剩下。"

心理医生问他："你太太还跟你在一起吗？"

"是的，我们感情很好。不管事情有多糟她都不会离开我。"

"好，那我们把这个记下来——太太还跟你在一起，而且不管发生什么事，她都不会离开你。那么你有小孩吗？"

"有啊！"他眼睛一亮，"我的三个孩子都棒极了。我每次都被他们感动得不行。他们会走到我面前说：'爸爸，我们爱你，我们会一直和你站在一起。'"

"那么，这就是第二项了——三个爱你、愿意站在你身旁的子女。"心理医生继续说，"你有朋友吗？"

"有，"他一点也没有犹豫，"我有几个很不错的朋友。他们会来看我，然后说他们想要帮我，但是他们帮不了我什么。"

"那就有第三项了——你有一些愿意帮你而且尊重你的朋友。那么你是否正直诚实呢？你有没有做什么错事？"

"我确实正直诚实，这一点没问题，"他回答，"我一直坚持走正道，我的良知一尘不染。"

"好。我们把这个列入第四项——正直诚实。那么你的健康呢？"

"我很少生病，我觉得我的身体状况还不错。"

"现在已经是第五项了——身体良好。"

"现在，"心理医生说，"我们把列出的资产看一遍。"

1. 一个好太太——不管发生什么都不会离开你。
2. 三个爱你、愿意站在你身旁的子女。
3. 一些愿意帮你而且尊重你的朋友。
4. 正直诚实，没做什么错事。
5. 身体状况良好。

心理医生把这张纸放到他的面前。"我还以为你真像先前告诉我的那样一无所有呢，你还有更多的资产没有被发掘。"

他显得有些不好意思了，笑着说："我没想到从这个角度来看事情。或许事情还没有那么糟。"

他说得没错，生活并没有他想象中那么糟，当下的恩典足够我们享用。

生活中，我们常常会被悲观遮住了双眼，看不到自己身边的幸福。可是看不到不等于没有存在。当我们换一种方式看待生活的时候，原来的阴霾就会消失，取而代之的是享之不尽的恩典。

幸运从不曾将你遗忘

人生如同一场大戏剧，考虑到演员的体能消耗，总会有一些中场休息的时段。在这个时候，所有的表演都会停止，一切的秩序都被舞台上的安静打乱。嘈杂声、口哨声会让观看演出的人感到厌烦，可是当演出再次开始的时候，一切又都恢复了正常，仿佛刚才的凌乱都不曾发生过一样。人生也是一样，幸运不可能永远伴随我们，它可能会在某一个时段退出我们的生活舞台，又可能在某一个特殊时段重现。可是，当幸运休息的时候，我们就可能面对苦难和折磨，人生将从此走向了不幸。

这种不幸是短暂的，因为我们都知道是幸运正在中场休息。可是焦躁的人们还没有等到幸运再次登台，就以为它把我们遗弃了。于是，悲观和消极侵袭了我们的头脑，失望和沮丧占据了我们的生活。

1987年3月30日晚上，洛杉矶音乐中心的钱德勒大厅内灯火辉煌，座无虚席，人们期盼已久的第59届奥斯卡金像奖的颁奖仪式正在这里举行。在热情洋溢、激动人心的气氛中，玛莉·马特琳走上领奖台，从上届影帝——最佳男主角奖获得者威廉·赫特手中接过奥斯卡金像。

手里拿着金像的玛莉·马特琳激动不已。她把手举了起来，但不是那种向人们挥手致意的姿势，眼尖的人已经看出她是在向观众打手语。原来，这个奥斯卡金像奖最佳女主角奖获得者，竟是一个不会说话的哑女。

玛莉·马特琳不仅是一个哑巴，还是一个聋子。

玛莉·马特琳出生时是一个正常的孩子，但她在出生18个月后，被一次高烧夺去了听力和说话的能力。

这位聋哑女对生活充满了激情。她从小就喜欢表演。8岁时加入伊利诺伊州的聋哑儿童剧院，9岁时就在《盎司魔术师》中扮演多萝西。

但16岁那年，玛莉被迫离开了儿童剧院。所幸的是，她还能时常被邀请用手语表演一些聋哑角色。正是这些表演，使玛莉认识到了自己生活的价值，克服了失望心理。她利用这些演出机会，不断锻炼自己，提高演技。

1985年，19岁的玛莉参加了舞台剧《上帝的孩子》的演出。她饰演的是一个次要角色。可就是这次演出，使玛莉走上了银幕。

女导演兰达·海恩丝决定将《上帝的孩子》拍成电影。可是为物色女主角——萨拉的扮演者时，她发现了玛莉高超的演技，决定立即启用玛莉担任影片的女主角，饰演萨拉。

玛莉扮演的萨拉，在全片中没有一句台词，全靠极富特色的眼神、表情和动作，揭示主人公矛盾复杂的内心世界——自卑和不屈、喜悦和沮丧、孤独和多情、消沉和奋斗。玛莉十分珍惜这次机会，她勤奋、严谨、认真对待每一个镜头，用自己的心去拍，因此表演得惟妙惟肖，让人拍案叫绝。

就这样，玛莉·马特琳实现了人生的飞翔。她成为美国电影史上第一个聋哑影后。

在颁奖晚会后，面对记者的采访，她用手语说：我经历了很多不幸，但是我一直坚信幸运不曾将我遗弃。

就是因为"对幸运的信任"，玛莉·马特琳成功了。可是在生活中，面临困境的时候，我们为什么总是对幸运产生怀疑呢？难道就不能有一份耐心，安静地等到幸运的再次光临吗？

命运女神既然将人生编排成了一场戏剧，那么她肯定会让演员轮番休息，幸运就如同其中的一个演员，在表演的过程中难免会出现疲惫的状态，所以它可能会在某一个时段申请退场，以修补自己的体力。

在幸运中场休息的时候，苦难会光临我们的生活，可是它并不会永远的存在，当幸运短暂的休息之后，它就会将苦难驱走。所以苦难的出现，只是让我们学会了等待戏剧中间的"休止符"，而不是永久地被幸运遗弃。

我们随时可以进入快乐

如果你遇到了挫折，遭遇了失败，心情低落到了极点，情绪坏到了不能再坏的地步，那么请先让自己冷静下来，哪怕打一针镇静剂，铺开一张纸，把自己的不快乐都列在这张清单上。当然，你还要找出一张纸，上面写上你可能得到幸福的事情，不要放过任何一个快乐的源泉，比如你长得漂亮，你的身体很健康，你的家人对你很好，等等。紧接着，你就可以对比了。这个时候，你就会发现，让你快乐的理由远远大于悲伤和难过的，既然如此，你就不该再将自己放在悲伤痛苦的阴影当中了。

多年以前，有一个女孩因为失手伤了人而坐牢了，尽管后来被释放，她仍然很痛苦，就到教堂祷告，希望上帝能够分担她的痛苦。看到女孩一脸悲伤，一位牧师问她发生了什么事。这个女孩哭了，她泣不成声地说："我好惨啊，我多么的不幸啊，我这一辈子都忘不了这件事情了……"

听罢她的陈述，牧师对她说："这位小姐，是你自愿坐牢的。"

这个女孩被牧师的这句话吓了一跳，说："你说什么？我怎么可能自愿坐牢？"

牧师对她说："你尽管已经从监狱里出来了，但在你的心里，天天心甘情愿地被关在牢里，那你不是自愿坐在心中的牢狱里吗？"

"这是什么意思呢？"女孩不解地问。

"在你身边发生了一件不好的事情，你好像看了一场不好的电影一样，天天在回想，这不是很笨的事情吗？这与重蹈覆辙有什么区别呢？你改变不了环境，但你可以改变自己；你改变不了事实，但你可以改变态度；你改变不了过去，但你可以改变现在；你不能控制他人，但你可以掌握自己；你不能预知明天，但你可以把握今天；你不可能样样顺利，但你可以事事尽心；你不能延伸生命的长度，但你可以决定生命的宽度；你不能左右天气，但你可以改变心情……"

生活本身已经制造那么多问题了，如果我们又进一步在脑子里提炼出那么多不快乐，这的确是在增加心理的负荷。每天都要面对那么多无法预测的事情，还要承受自己制造的不快乐，这本身难道不是一种愚蠢的行为吗？

我们不要再强调那些制造自己不快乐的原因，我们来看看怎么才能停止制造不幸的过程：我们是因为想不快乐的事情，适用我们惯有的悲观情绪去想问题，所以才变得不快乐的。那么，只要我们停止再想这些问题，停止用悲观的眼睛看待世界，就会开心得多。

其实一个人在任何时候都面临着选择快乐和不快乐两个方面，也许我们不能在任何环境下都选择快乐，但是我们必须要知道，我们在任何时候都可以进入快乐。

拥有跟心灵对话的时间

生活中的每一次沧海桑田，每一次悲欢离合，都需要我们用心慢慢地体会、感悟。如果我们的心是暖的，那么在自己眼前出现的一切都是灿烂的阳光、晶莹的露珠、五彩缤纷的落英和随风飘散的白云，一切都变得那么惬意和甜美，无论生活有多么的清苦和艰辛，都会感受到天堂般的快乐。心若冷了，再炽热的烈火也无法给这个世界带来一丝的温暖，我们的眼中也充斥着无边的黑暗，冰封的雪谷，世界末日般的凄凉。所以，要经常跟自己的心灵对话，了解自己的内心处于怎样的状态，并尝试从心灵的舒展开合中获取力量。

把贪图财贿看作正确行为的人，不会让他人获得利禄；把追求显赫看作正确行为的人，不会与他人分享美好的声誉；迷恋权势的人，不会授人权柄。掌握了利禄、名声和权势，便唯恐丧失而整日战栗不安，而放弃上述东西又会悲苦不堪，而且心中没有一点见识，目光只盯住自己所无休止不择手段追逐的东西，不肯与他人分享，这样的人终归会受到道德和法律的惩罚。

但如果不因为高官厚禄而喜不自禁，不因为前途无望、穷困贫乏而随波逐流、趋势媚俗，荣辱面前一样达观，那也就无所谓忧愁。心中没有忧愁和欢乐，才是道德的极致。

一个人被苦恼缠身，于是四处寻找解脱苦恼的秘诀。

有一天，他来到一个山脚下，看见在一片绿草丛中有一位牧童骑在牛背上，吹着横笛，逍遥自在。他走上前问道："你看起来很快活，能教给我解脱苦恼的方法吗？"

牧童说："骑在牛背上，笛子一吹，什么苦恼也没有了。"

他试了试，却无济于事。于是，他又开始继续寻找。不久，他来到一个山洞里，看见有一个老人独坐在洞中，面带满足的微笑。他深深鞠了一个躬，向老人说明来意。

老人问道："这么说你是来寻求解脱的？"

他说："是的！恳请不吝赐教。"

老人笑着问："有谁捆住你了吗？"

"没有。"

"既然没有人捆住你，何谈解脱呢？"

他蓦然醒悟。

从来没有什么东西能够束缚住我们的心灵，除了自己。与其在束缚中苦苦寻求心灵和道德的出路，莫不如给心灵松绑，在自由中得到自己的快乐，与他人分享快乐，这才会更加接近幸福。

让自己的德行像光一样明亮，但不刻意对人炫耀；行为信守承诺，但不会令人有所祈望。睡觉时不做梦，清醒时无忧虑。活着时好像无心而浮游于世，死亡时则像休息一样自然寂静。心神纯一精粹，没有欢乐与悲伤，对外物没有喜好与厌恶，持守精神的简洁和永恒，与世事无抵触，任何事情都不会违逆心意，获得心灵的自由与尘世的幸福原来竟如此简单。

做任何事情都可以心满意足

用积极乐观的心态去面对生活，即使是经历苦楚，也能做到心满意足。

一位少妇，回家向母亲倾诉，说婚姻很糟糕，丈夫既没有很多的钱，也没有好的职业，生活总是周而复始，单调无味。母亲笑着问，你们在一起的时间多吗？女儿说，太多了。母亲说，当年，你父亲上战场，我每日期盼的，是他能早日从战场上凯旋，与他整日厮守，可惜——他在一次战斗中牺牲了，再也没有能够回来，我真羡慕你们能够朝夕相处。母亲沧桑的老泪一滴滴掉下来，渐渐地，女儿仿佛明白了什么。

一群男青年，在餐桌上谈起自己的老婆，说总是管束得太严，几乎失去了自由，边说边有大丈夫的凛然正气，狂饮如牛，扬言回家要和老婆怎么怎么斗争。邻桌的一位老叟默默地听了，起身向他敬酒，问，你们的夫人都是本分人吗？男青年们点头。老叟叹了一口气，说，我爱人当年对我也是管得太死，我愤然离婚，以至于她后来抑郁而终，如果有机会，我多希望能当面向她道一次歉，请求她时时刻刻地看管着我，小伙子，好好珍惜缘分呀！男青年们望着神色黯然的老叟，沉默不语，若有所悟。

一位干部，因为人员分流，从领导岗位上退了下来，一时间萎靡不振，判若两人。妻子劝慰他，仕途难道是人生的最大追求吗？你至少还有学历还有专业技术呀，你还可以重新开始你的新事业呀，你一直是个善待生活的人，我们并不会因为你不做领导而对你另眼相待，在我的眼里，你还是我的丈夫，还是孩子的父亲，我告诉你亲爱的，我现在甚至比以前更加爱你。丈夫望着妻子，久久不语，眼里闪烁着晶莹的光泽。

一位盲人，在剧院欣赏一场音乐会，交响乐时而凝重低缓，时而明快热烈，时而浓云蔽日，时而云开雾散，盲人惊喜地拉着身边的人说，我看见了，看见了山川，看见了花草，看见了光明的世界和七彩的人生……

一个听力失聪的孩子，在画展上看到一幅幅作品，他仔细地看着，目不转睛，神情专注，忽然转身，微笑着大声地对旁边的父母说，我听到了，听到了小鸟在歌唱，听到了瀑布的轰鸣，还有风儿呼啸的声音……

一位病人，医生郑重地告诉他，手术成功，化验结果出来了，从他腹腔内摘除的肿瘤只是一般的良性肿瘤，经过一段时间的疗养便可康复出院，并不危及生命。他顿时满面春风，双目有神，紧紧地握着医生的手，激动地说，谢谢，谢谢，是你们给了我第二次生命……

这些人在心理和生理上都承受着巨大的折磨，可是他们的内心是满足的，因为他们抛开了眼前的不幸，从另一方面获得了重生。也许，在生活中我们的那一点挫折，跟他们相比，算不了什么，可是为什么我们还一直在抱怨呢？

答案是，我们一直在用悲观的眼睛看着这个世界，我们的内心充满了消极和悲观，所以我们看不到存活在这个世界上的其他乐趣。其实，只要我们摒弃内心的悲观和消极，那么我们也可以跟故事中的人们一样，做任何事情都能感到心满意足。

第三章

让积极的能量充斥一切

许多人不明白，为什么人生需要流血、流泪。答案在这里："要为了获得成就"，成就越大，所得到的荣耀越大，需要承受的苦难也就越多。感恩苦难吧，苦难不仅教导我们得胜的方法，更教导我们得胜的定律。喜乐往往都是从苦难里产生的。

失去可能是一种福音

　　人生就像一场旅行，在行程中，你会用心去欣赏沿途的风景，同时也会接受各种各样的考验，这个过程中，你会失去许多，但是，你同样也会收获很多，因为，失去所传递出来的并不一定都是灾难，也可能是福音。

　　有一位住在深山里的农民，经常感到环境艰险，难以生活，于是便四处寻找致富的好方法。一天，一位从外地来的商贩给他带来了一样好东西，尽管在阳光下看去那只是一粒粒不起眼的种子。但据商贩讲，这不是一般的种子，而是一种叫作苹果的水果的种子，只要将其种在土壤里，两年以后，就能长成一棵棵苹果树，结出数不清的果实，拿到集市上，可以卖好多钱呢！

　　欣喜之余，农民急忙将苹果种子小心收好，但脑海里随即涌现出一个问题：既然苹果这么值钱、这么好，会不会被别人偷走呢？于是，他特意选择了一块荒僻的山野来种植这种颇为珍贵的果树。

　　经过近两年的辛苦耕作，浇水施肥，小小的种子终于长成了一棵棵茁壮的果树，并且结出了累累硕果。

　　这位农民看在眼里，喜在心中。嗯！因为缺乏种子的缘故，果树的数量还比较少，但结出的果实也肯定可以让自己过上好一点儿的生活。

　　他特意选了一个吉祥的日子，准备在这一天摘下成熟的苹果，挑到集市上卖个好价钱。当这一天到来时，他非常高兴，一大早便上路了。

　　当他气喘吁吁爬上山顶时，心里猛然一惊，那一片红灿灿的果实，竟然被外来的飞鸟和野兽们吃了个精光，只剩下满地的果核。

想到这几年的辛苦劳作和热切期望，他不禁伤心欲绝，大哭起来。他的财富梦就这样破灭了。在随后的岁月里，他的生活仍然艰苦，只能苦苦支撑下去，一天一天地熬日子。不知不觉之间，几年的光阴如流水一般逝去。

一天，他偶然来到了这片山野。当他爬上山顶后，突然愣住了，因为在他面前出现了一大片茂盛的苹果林，树上结满了累累硕果。

这会是谁种的呢？在疑惑不解中，他思索了好一会儿才找到了一个出乎意料的答案。这一大片苹果林都是他自己种的。

几年前，当那些飞鸟和野兽在吃完苹果后，就将果核吐在了旁边，经过几年的生长，果核里的种子慢慢发芽生长，终于长成了一片更加茂盛的苹果林。

现在，这位农民再也不用为生活发愁了，这一大片林子中的苹果足以让他过上温饱的生活。

从这个故事当中我们可以看出，有时候，失去是另一种获得。花草的种子失去了在泥土中的安逸生活，却获得了在阳光下发芽微笑的机会；小鸟失去了几根美丽的羽毛，经过跌打，却获得了在蓝天下凌空展翅的机会。人生总在失去与获得之间徘徊。没有失去，也就无所谓获得。

生活中，一扇门如果关上了，必定有另一扇门打开。你失去了一种东西，必然会在其他地方收获另一个馈赠。关键是，我们要有乐观的心态，相信有失必有得。要舍得放弃，正确对待你的失去，因为失去可能是一种生活的福音，它预示着你的另一种获得。

经历苦楚，才能品味生活的甘甜

命运是无情的，也许我们每个人都无法选择它。即使经历苦难，我们也只有默默地承受而无处躲藏，但是，很多时候，我们会发现，在经历了苦难之后，我们的心开始变得勇敢，我们的意志开始变得坚强……

有一个男孩4岁时由于患上了麻疹和可怕的昏厥症，使他险些丧命；儿童时期，曾经患上严重肺炎；中年时口腔疾病严重，口舌糜烂，满口疮痍，只好拔掉所有牙齿，紧接着又染上了可怕的眼疾，他几乎不能够凭视觉行走；50岁后，相继发作的关节炎、肠道炎、喉结核等多种疾病吞噬着他的肌体；后来，他完全不能发出声音。只能由儿子凭他的口型翻译他的思想，在他57岁那年，他离开了人世。

他从4岁时便开始与苦难为伍，直到死时依然没能摆脱苦难的纠缠，但是苦难并没有使他低头，相反，他却在苦难中脱颖而出，他是怎么做的？他最终得到了什么？

他长期闭门不出，把自己禁闭起来，疯狂地每天练10个小时琴，忘记了饥饿与死亡。在13岁时，他过着流浪者的生活，开始周游各地，除了身上的一把琴，他便是一无所有。同时，他坚持学习作曲与指挥艺术，付出艰辛的精力与汗水，创作出了《随想曲》《无穷动》《女妖舞》和6部小提琴协奏曲及许多吉他演奏曲。

15岁时，他成功举办了一次令举世震惊的音乐会，使他一举成名。他的名声传遍英、法、德、意、奥、捷等很多国家。

帕尔玛首席提琴家罗拉听到了他的演奏惊异得从病床上跳下来，木然而立。维也纳一位听到他的琴声的人，以为是一支乐团在演奏，当得知台上是他一人的独奏时，便大叫着："他是一个魔鬼"，匆匆逃走。卢卡共和国宣布他为首席小提琴家。他就是世界超级小提琴家帕格尼尼，苦难没有打倒他，相反，他在苦难中成长为音乐界巨人。

人的天性就是敬仰强者，唾弃弱者。想得到他人的认可，自己先要变得强而有力。也许生活是有缺陷的，但生活的意义是给人们同样的机会。有信心和勇气去争取，就会战胜自身的缺陷，在生命的困顿中出人头地，找到生活的意义。

在坎坷的路途上，坚强勇敢的人抓得住机会，他们战胜了，他们存活下来了，他们就出人头地！我们每一个人都要经历磨难，我们不应该被磨难压弯了脊柱，而应做一个把苦难打倒的坚韧之人。

在弱者眼里，苦难是鞋里的细沙；在强者眼里，苦难则是一颗华丽的珍珠。苦难让我们变得更加坚强，苦难让我们始终保持着清醒的头脑，苦难让我们知道一切都是来之不易的，它让我们学会了对生活的感恩，学会了对生活的珍惜……

正因为经历了苦难，我们才得到了生活的甘甜，所以感谢苦难，感谢那曾经带给我们无限痛苦的命运女神。

相信积极思想的力量

2008 年年底，在一片肃杀的气氛中，美国华尔街三一教堂忽然热闹了起来，穿着西装、提着公文包来祷告的信徒越来越多，"对比前几年，现在金融从业者来教堂的数量有所回升，"牧师马克·琼斯说，"这不足为奇，因为人们不知道他们明天是否还在位。"在此后几周内，这个教堂举办了讲习班和研讨会，主题包括"在不确定时期如何应对压力"和"职业生涯导航"等。与此同时，梵蒂冈圣彼得教堂的神父彼得·麦迪根也发现来祷告的人数逐渐多了起来，他说："过去几天，人们焦虑和不安的情绪非常严重。面对黯淡的前景，能帮助我们渡过困境的就是信念。"

英国思想家、哲学家斯图尔特·米尔曾说过："一个有信念的人，所发出来的力量，不下于 99 位仅心存兴趣的人。"这也就是为何信念能使人渡过难关，并开启卓越之门的缘故。由此可见，困境之下，由信念所带来的信心就是一剂灵丹妙药，即使它不能在短期内帮我们解决燃眉之急，也能给我们心灵带来慰藉，给我们生活带来力量，帮助我们积极乐观地前行。有了信心的指引，生活中的任何磨难都会变得微不足道。

这是一个发生在美国内战期间最奇特的故事。

那个时候的艾迪太太认为生命中只有疾病、愁苦和不幸。她的第一任丈夫，在他们婚后不久就去世了，她的第二任丈夫又抛弃了她，和一个已婚妇人私奔，后来死在一个贫民收容所里。她只有一个儿子，却由于贫病交加，不得不在 4 岁那年就把他送走了。她不知道儿子的下落，整整31年都没有再见到他。

她生命中戏剧化的转折点，发生在马萨诸塞州的林恩市。一个很冷的日子，她在城里走着的时候，突然滑倒了，摔倒在结冰的路面上，而且昏了过去。她的脊椎受到了伤害，不停地痉挛，甚至医生也认为她活不了多久了。医生还说即使是奇迹出现而使她活命的话，她也绝对无法再行走了。

躺在一张看来像是送终的床上，艾迪太太打开她的《圣经》。她读到马太福音里的句子："有人用担架抬着一个瘫子到耶稣跟前来，耶稣就对瘫子说：'孩子，放心吧，你的罪赦了。起来，拿你的褥子回家去吧。'那人就站起来，回家去了。"

她后来说，耶稣的这几句话使她产生了一种力量，一种信仰，一种能够医治她的力量。使她"立刻下了床，开始行走"。

"这种经验，"艾迪太太说，"就像引发牛顿灵感的那只苹果一样，使我发现自己怎样地好了起来，以及怎样地也能使别人做到这一点。我可以很有信心地说：一切的原因就在你的思想，而一切的影响力都是心理现象。"

这不是神话，也不是偶然。我们活得愈久，就愈深信信心的力量。生命中总有一些转折点，抓住这样一个转折点，我们的人生就会有突破和进展。

信心不能给我们需要的东西，却能告诉我们如何得到。给自己一个信心，你的生活就会多一分希望。

世界上没有任何力量能像信心那样影响我们的生活。人生到底是喜剧收场还是悲剧落幕，是成功辉煌还是黯然神伤，全在于你保持着什么样的信心。一个没有信心的人，就好比少了马达的渡轮，注定要在汪洋中沉没。信心是决定我们潜能发挥程度的关键，有信心在人生之路上为你牵引，无论你身处什么样的折磨环境，你都能克服，最终走出不利局面。

在竞争激烈、强手如林的现代社会，我们总有陷入困境的时候，或事业不顺，或经济困窘，这时，我们就应该把消极悲观扔在背后，满怀信心地积极争取，这样才有希望和机会渡过难关。这个世界上，所有的成功者无一例外都是满怀信心的人，都是坚信自己可以成功的人，都是在任何时候也不放弃自己的人。一个失去信心的人，没有办法全力以赴，自然也就成了一个失败者。

阴云之后一定会有阳光普照

有人说："没有永久的幸福，也没有永久的不幸。"尽管在生活中，我们每个人都会遇到各种各样的挫折和不幸，而且有的人不仅仅要承受一种磨难，有的人受打击的时间可以长达几年、十几年，但是让人极度讨厌的厄运也有它的"致命弱点"，那就是它不会持久存在。人们在遭受了生活的打击之后，总是习惯抱怨自己的命运不好，身边没有能够帮忙的朋友，家世也不好，没有可依靠的父母，等等。其实抱怨并不能解决问题，当问题发生的时候，我们一定要相信——厄运不久就会远走，转运的一天迟早会到来。

宾夕法尼亚州匹兹堡有一个女人，她已经35岁了，过着平静、舒适的中产阶层的家庭生活。但是，她突然连遭四重厄运的打击。丈夫在一次事故中丧生，留下两个小孩。没过多久，一个女儿被烤面包的油脂烫伤了脸，医生告诉她孩子脸上的伤疤终生难消，母亲为此伤透了心。她在一家小商店找了份工作，可没过多久，这家商店就关门倒闭了。丈夫给她留下一份小额保险，但是她耽误了最后一次保费的续交期，因此保险公司拒绝支付保费。

碰到一连串不幸事件后，女人近于绝望。她左思右想，为了自救，她决定再做一次努力，尽力拿到保险补偿。在此之前，她一直与保险公司的下级员工打交道。当她想面见经理时，一位多管闲事的接待员告诉她经理出去了。她站在办公室门口无所适从，就在这时，接待员离开了办公桌。机遇来了。她毫不犹豫地走进里面的办公室，结果，看见经理独自一人在那里。经理很有礼貌地问候了她。她受到了鼓励，沉着镇静地讲述了索赔时碰到的难题。经理派人取来她的档案，经过再三思索，决定应当以德为先，给予赔偿，虽然从法律上讲公司没有承担赔偿的义务。工作人员按照经理的决定为她办了赔偿手续。

但是，由此引发的好运并没有到此中止。经理尚未结婚，对这位年轻寡妇一见倾心。他给她打了电话，几星期后，他为寡妇推荐了一位医生，医生为她的女儿治好了病，脸上的伤疤被清除干净；经理通过在一家大百货公司工作的朋友给寡妇安排了一份工作，这份工作比以前那份工作好多了。不久，经理向她求婚。几个月后，他们结为夫妻，而且婚姻生活相当美满。

这个故事很好地阐释了"厄运"的寿命，厄运不会一直存在于我们的生活里，即使是现在深陷困境，也会在不久之后就等到了厄运的夭折期。

易卜生说："不因幸运而故步自封，不因厄运而一蹶不振。真正的强者，善于从顺境中找到阴影，从逆境中找到光亮，时时校准自己前进的目标。"生活中，我们难免会遇到一些挫折，可是不管在任何时候，都不要因厄运而气馁，厄运不会时时伴随你，阴云之后，和煦的阳光很快就会来临。

试练可以使我们的灵魂更加坚固

圣经中说：试练，是对勇士的一种磨炼，它并不是任何人都有机会获得的，而是要赏赐给真正能够成为勇士的人。

为了将我们变成勇士，命运常常让我们落入试练当中。可是人们总是错看命运的安排，认为是上苍在跟我们过不去。人们甚至埋怨：既然给了我们有阳光的白天，又为什么一定要将我们搁置在周围漆黑的深夜呢？不错，试练将我们推向了黑夜，但是它还是留下了一些空隙，让我们能够趁机看到光明。而试练之后，我们也将变得更加坚强，更加能够接近成功的梦想。

张老师对大家要求很严。这让大家觉得他是个很凶的人。他的讲台上常放着一把宽约三公分、长约尺余的教鞭。教鞭的一头由于手的摩擦和汗水的浸泡，已由青泛黄，闪烁着光亮。另一头则被劈开七八公分长。这样打起手板来一夹一夹的，痛着呢！胆大的常偷偷把他的教鞭丢进茅厕和山林中。不想第二天他又找来一块与原来一模一样的教鞭，让你怀疑这教鞭是不是被他发现后从山林里找回来的那一根。

说到教鞭，张刚就有恨。

那次，大队部放电影，张老师却说电影内容不适合同学们看，何况大家期考将至，要他们好好复习功课，不允许看电影，一经发现就打三十下手板。张刚以为他与爸爸要好，又是自己的本家，自己看电影是不会被打手板的，就偷偷去看了。谁知竟被他发觉了，张刚吓得拔腿便逃。

第二天，张刚极不情愿地伸出手来，张老师打手板时，劲用得十分大。他觉得一下一下打的不是手。一、二、三……刚打了十来下张刚的手就红彤彤的了。手缩了又缩。张老师却不讲情面地说，不许缩，缩了再加罚。他硬是把当时已泪流满面的张刚打了整整三十下手板。为此，张刚开始记恨他起来。

后来，只要看到张老师愁眉苦脸的样子，张刚就高兴。他家发生了不愉快的事自己也会在一旁偷着乐。他家开始不是鸡少了一只，就是鸭被跛了一只脚，不用说，那都是张刚干的好事。读初中时，张刚开始了他的学画生涯。老师为了让他考个好学校，让他到市里去参加美术培训。张老师在得知他为学画培训费而苦恼时，将家里养的能卖的鸡鸭都卖了，为他筹了上百元的学费，还请张刚和他父亲到家里吃饭。

当看到他宰的是那只被自己打跛了脚的鸭子时，张刚的脸红了。张老师看出来了，什么责备也没说，来，吃吃我弄的鸭子，原本想将它卖了换个油钱的，但婆婆说它会生蛋，一直舍不得卖。今天是个高兴的日子，说不定将来我们张家会出现一个大画家的。宰了这只鸭子，值得！张刚一直将头低得很沉，不知是出于惭愧，还是感激，张刚的泪慢慢流了出来。

现在，张刚没成为画家，倒成了城里人，成了与张老师一样靠摇笔杆子吃饭的读书人。想起张老师的沉思状和他的教鞭，张刚就想起那只被打跛了脚的鸭子。

他知道，他今生是难以走出张老师的似海恩情了。

老师在学生的眼里，总是一副很严肃的样子，对学生过于严格，他们是在折磨学生，更是在用心栽培学生。因为正是老师给我们增加了许多试练，才让我们逐渐地成长起来。

在生活中，我们可能要面对的试练更多，工作中的、感情上的……每一次通过试练的时候，我们都能感受到自己的成熟。所以别刻意地拒绝生活的试练，勇敢地承受这些试练，你的人生才会成长得更快。

不要灰心，除非你达到目的

探险家大卫·利文斯顿曾经说过："不管我的前方面临的是什么，我都不会灰心，除非我达到了自己的目的。"因为这种精神，他在一次又一次的探险中发掘出了别人不曾看到的价值，并给后人留下了非常宝贵的精神财富。

不管做任何事情，都可能会遇到困难，尤其是我们确定了生活的目标，朝着一个方向迈进的时候，困难总会阻隔我们前行的脚步。这时候，如果我们没有坚定的信念和锲而不舍的精神，那么我们将一事无成。

在美国，有一位穷困潦倒的年轻人，即使在身上全部的钱加起来都不够买一件像样的西服的时候，仍全心全意地坚持着自己心中的梦想，他想做演员，拍电影，当明星。

当时，好莱坞共有500家电影公司，他逐一数过，并且不止一遍。后来，他又根据自己认真划定的路线与排列好的名单顺序，带着自己写好的为自己量身定做的剧本前去拜访。但第一遍下来，所有的500家电影公司没有一家愿意聘用他。

面对百分之百的拒绝，这位年轻人没有灰心，从最后一家被拒绝的电影公司出来之后，他又从第一家开始，继续他的第二轮拜访与自我推荐。

在第二轮的拜访中，500家电影公司依然拒绝了他。

第三轮的拜访结果仍与第二轮相同。这位年轻人咬咬牙开始他的第四轮拜访，当拜访完第349家后，第350家电影公司的老板破天荒地答应愿意让他留下剧本先看一看。

几天后，年轻人获得通知，请他前去详细商谈。

就在这次商谈中，这家公司决定投资开拍这部电影，并请这位年轻人担任自己所写剧本中的男主角。

这部电影名叫《洛奇》。

这位年轻人的名字就叫席维斯·史泰龙。现在翻开电影史，这部叫《洛奇》的电影与这个日后红遍全世界的巨星皆榜上有名。

在史泰龙的身上，我们看到了一种百折不挠的精神和勇气，也正是因为这种坚持，他才取得了最后的胜利。可是在生活中，我们很多人都不曾有他这种对于梦想的执着和坚持到底的信念。当我们开始确立梦想的时候，可能会面对很多的困难。这些困难让我们感到沮丧，于是我们在浅浅的尝试之后，就放弃了自己的梦想。

其实，这样的做法是不对的。当困难袭来的时候，就灰心丧气，把曾经的梦想看作一场不经意的游戏，意味着你永远都不可能接近成功。

成功需要持之以恒的追求，即使是名人也不例外。大歌唱家鲁宾斯坦曾说过："若是我一天不练嗓子，我自己会觉得诧异；若是我两天不练嗓子，我的朋友会觉得诧异；若是我三天不练嗓子，所有人都会觉得诧异。"同理：如果经历了一次放弃，我们就离成功远了一步，两次三次之后，我们就再也不会追上成功的脚步了。所以，在困境面前，不要灰心，更不要沮丧，而应该一直坚持，直到你达成目的。

第四章

感恩就是传递爱

若想要在当下的生活里营造一种友爱的氛围，就应该以感恩和友爱的精神去对待身边的一切事物，向别人传递出你的爱，你才能感受到同样的来自对方的温暖。

灵魂需要爱的滋养

因为有爱的滋润，生命才更加色彩斑斓；因为有爱的催发，生命才更加旺盛坚强。爱是世间至高无上的法则，因为它是生命的支撑。

每个人的心底都有一颗爱的种子，只有充分认识了这个寄居在所有生命中的伟大的情感，你才能用最真挚善良的心对待每个生命，才能摒除一切令人厌恶的偏见，抛弃固执灰暗的悲观，与别人分享自己的快乐，并感受他人的幸福带给自己的愉悦。

你不能一个人过着孤独的生活还期待别人喜欢你，所以，不要吝惜自己的爱心，你要先去学会爱别人，才会理解爱的法则，拥有可爱的性格。特赖因曾经说过："告诉我在你心中，有多少人值得你去爱，我便能猜测出你的生命中有多少贵人；告诉我你对他人的爱有多么强烈，我便能知道你距离成功还有多远。"一个人的成功总是与他对世人的爱相关联的，因为爱别人也能够给自己带来好运。

爱自己，也要爱别人，唯有如此才能发挥出生命的最大价值。无论世界上发生了什么，都要学会敞开心扉，真诚地去爱他人，安抚受伤的人，鼓励沮丧的人，安慰失意的人，帮助落魄的人。当你的仁爱之心像玫瑰一样散发出芬芳，当你用爱的温暖治愈了思想上的顽疾，当你用善良的微笑为心灵的创伤止痛，你便已经洞悉了世界上最伟大的秘密。

这种世界上最伟大的情感总能给你的生活带来一些改变。

有个女人走出家门，发现三位白胡子老人在院子里坐着，她不认识他们。女人说："我不认识你们，但是我想你们饿了，进屋吃点东西吧。"

但是老人说："我们是不能同时进入一个屋子里的。"

女人疑惑地问："为什么?"

于是，一位老人开始向女人介绍道："他叫财富，他是成功，我是爱。我们不能一起跟你回家，所以请你回去和你的丈夫商量一下，想请谁到你们家。"

女人回去把刚才的一番话转告她的丈夫。

男人很兴奋："原来是这样啊! 那我们把财富请进来吧!"

但是女人反对，她说："亲爱的，我们为什么不把成功请进来呢?"

在屋子的另一边，儿子听了他们的对话之后提出自己的意见："把爱请进来不是更好吗?"

男人对女人说："听儿子的! 快请爱进来吧。"

女人到门外询问三个老头："谁是爱?"

爱站起来走向屋子，其他两个老头跟在他后面。

妇人吃惊地问财富和成功："我只是请爱进去，你们为什么一起进来呢?"

这两个老头一起回答："假如你请的是财富或者成功，其他两个都不会跟着去的，当你把爱请进家门，不管爱到了什么地方，我们都将跟随。"

在我们的生活中，有很多人热衷于财富的追求，也有很多人迷恋于功名的获取，似乎生命注定就是名与利的纠缠，但是在这个故事中你却很容易发现，名与利并不是一切，有时候，爱却意味着全部。所以世界上那些最伟大的人，从不吝于将自己的赞美加之于爱之上。英国的勃朗宁曾将无爱的地球形容为可怕的坟墓，法国的拿破仑启发我们进行思考："你可曾想到，失去了爱，你的生活就离开了轨道。"德国的席勒也告诉我们："爱使伟大的灵魂更加伟大。"

假设我们拥有了一切，但是唯独缺少爱，那这一切就等于零，会变得毫无意义；即使我们失去了一切，只要拥有爱，一切便都有重新得到的希望。

以友爱的精神对待所有事物

人生首要的原则就是友爱原则，这是宇宙赋予人类的本性。而我们的原则也就是要按照自己的本性生活，做本性要我们做的一切。如果一个人连自己的同类都不爱，缺乏最起码的同情和怜悯之心，那么他在道德上就是缺失的。

对于那些没有理性的动物和其他一切事物，也需要关心和爱护，因为他们是宇宙中的低等事物，是为高等事物服务的，我们就更应该用一种慷慨友善的精神对待他们。

人类理应爱与我们息息相关的生命现象，爱这个丰富多彩的世界，爱这个统一和谐的大自然。正如德国哲学家史怀哲曾说过的，"伦理，不仅与人，而且也与动物有关"。动物不是生来的丑角，它们的存在更不是为了人类一己的生活与娱乐。

要知道，无论是野生扬子鳄、大熊猫这样的国宝，还是普通的猫狗，它们都是生态环境中的一员，都是人类的朋友。动物的生存环境说到底也是人类的生存环境。从现代科学的成果可知，人与动物乃是一个"生命共同体"的关系，要么同舟共济，要么唇亡齿寒，只有地球生物永恒的多样性，才有人类社会长久的稳定性，只有学会关爱，才能相伴永远。

既然对待动物要这样，那么对于我们的同类我们更要友爱。对朋友，我们要友善相待；对待敌人，我们也切不可以怨报怨，因为不论是朋友还是敌人，他们都是和我们一样有理性的。

1944年冬天，德国纳粹终于被苏军赶出了苏联国土，数以百万计的德国兵成了俘虏。在莫斯科的大街上，每天都有一队队的德国战俘面容憔悴地走过。这时，所有的马路都挤满了人。苏军士兵和警察站在战俘和围观者之间。围观者大部分是妇女，她们当中的每一个人都是战争的受害者，或者是父亲，或者是兄弟，或者是儿子，都死在了战争中。她们每一个人，都和德国人有着一笔血债。

因此，当俘虏们出现时，她们的双手都攥成了拳头，眼中充满仇恨。士兵和警察们竭力地阻挡着她们，害怕她们控制不住自己的冲动。

这时，令人意想不到的事情发生了：

一位满脸皱纹的妇女，穿着一双战争年代破旧的长筒靴。她走到一个警察身边，希望警察能让她接近俘虏。警察同意了这个老妇人的请求。

她到了俘虏身边，从怀里掏出一个用印花方巾包裹的东西，里面是一块黑面包。她不好意思地把这块黑面包塞到了一个疲惫不堪的、眼神中透着绝望的俘虏的衣袋里。然后，她转向身后那些充满仇恨的同胞们，平和而慈祥地说："当这些人手持武器出现在战场上时，他们是敌人。可当被解除了武装出现在街道上时，他们就是和我们一样，具有共同外形和共同人性的人。"

老妇人说完这些，就静静地离开了。空气在那一瞬间似乎凝住了，不一会儿，很多妇女便拥向俘虏，把面包、香烟等各种东西塞给他们……所有的俘虏都泪流满面，他们分明不敢相信这一刻是真的。

当面对来自这些战争的受害者的宽容时，也许在那些俘虏的心中，会为了曾经的残忍而悔恨吧。这些受害者是明智的，因为如果他们以同样的仇恨去对待自己的敌人，那么即使到了最后，可能也无法将对方感化，消除彼此之间的仇恨。

爱的力量是可以传递的，恨的力量也是可以感染对方的，所以我们若想要在自己的生活里营造一种友爱的氛围，就应该以友爱的精神去对待身边的一切事物，向别人传递出你的爱，你才能感受到同样的来自对方的温暖。

若要世人爱你，你当先爱世人

爱的力量是相互的，要获得他人的喜爱，首先必须要真诚地喜欢他人。这种喜欢必须是发自内心的，而非另有所图。

一个人如果只关心自己，他很难成为一个被人喜欢的人。要成为令人敬重的人，必须将你的注意力从自己的身上转到别人身上去。哲学家威廉·詹姆斯说："人性中最强烈的欲望便是希望得到他人的敬慕。"这句话对于"别人"也同样适用，他人也希望得到你的敬慕。如果你只是过度地关心你自己，就没有时间及精力去关心别人。别人想获得你的关心，却无法从你这里得到，当然也不会去注意你。

一个人希望被别人喜欢、敬重，必须先学会关爱别人。要真正地去关心别人、爱别人，激励他们展现最好的一面。那样，正如不求报酬做善事终会有所回报一样，别人也会加倍地关心你、爱护你。

最好的朋友是能将你内心中最好的潜质引导出来的人。你必须透过表面现象，看清一个人的真相。如果你帮助他，使他达到他内心中所期望的境界，你当然可以赢得他的敬重和信赖。如果在一个艰难的处境中，你能对一个人表现出你的理解和耐心，则不只是那个人，其他的人也同样会对你非常敬重。

你的行动和语言一样能表明思想，有时甚至比你的语言更明白、更直接。我们大都只是听人说话，而没有注意到行动也是一种语言，因此使人与人之间的沟通受到阻碍。

然而，我们大多数人甚至不知道如何倾听别人谈话。当别人有问题来找我们时，我们常说得太多。而且我们总是试着提出太多建议，其实大多数时候最重要的也许只是沉默，同时把耐心、宽容和爱传达给对方。

受欢迎的人大多也拥有一种特质，他们似乎知道如何使别人接受自己。谁能做到这一点，谁就能获得别人的喜爱。所以，过分以自我为中心的人总会令自己不快乐。

以自我为中心的人，常常不懂得接受自己。这种心境常会产生悲悯和受挫感。因为一个人内心感到痛苦，其他人往往会不自觉地加剧他的紧张情绪，他也绝不能与其他人一起获得成功，而且他在这样想的过程中更加造成了一种不令人满意的人际关系。

有这样一位名作家和演说家，他身高五英尺八英寸，以美国人的身材来说，只比一般身高稍微矮一点而已。然而，他非常在意自己的身高，由于担心显得比他人矮，他从不与比他高的人一起照相，也不参与社会活动。他变得越来越孤僻、畏缩。后来，他碰巧在一本书中，读到另一位老朋友的故事。这位朋友个性刚毅，他常给那些有心理障碍或面临困难的人出主意。他坚信一个原则：想象自己是伟人，祈祷自己是伟人，相信自己是伟人，做事像伟人，那你便会成为一个伟人。

这个原则抓住了这位名作家及演说家的心，他实践起来。积极思想使他开始用一种正确的心态去接受自己。现在的他不再过分在意自己的身高。卡耐基后来曾听到他说："一个人的身高不在于他的腿有多长，或身体有多高，而在于他是否有智慧和勇气，那才是最重要的。"尽管从身高来讲，别人都高于他，看他时须低着头，但现在，即使是身材高的人，也不得不从内心里真正尊敬他。他学会了接受自己，也接受了自己的身高，并在这一过程中发现自己是个真正的巨人。

如果你对他人真正有兴趣，并且认为他们很重要；如果你经常关心他们，这无疑会增加你获得成功和幸福的几率，别人也会因此而喜欢你。你必须向他们提供建设性的帮助，同时具备与人沟通的技巧。知道如何帮助别人是一门艺术，一个人如果知道该怎么做的话，他必能获得别人持久的感情。

天堂是由自己搭建的

杰克拥有一个美丽莲花池。那其实是他在乡下住宅附近的一片天然洼地，他坚称他在乡间的宅邸为他的农场，水从远处山丘上的蓄水池中流入这片洼地，其间还要通过一个可调节水流大小的阀门开关。一切是那么的和谐美满，到了夏天澄澈的水面上就会铺满怒放的莲花，鸟儿们在池中自由嬉戏，从早到晚都能听到它们的奏鸣声。蜜蜂则在花园中的野花上忙碌不辍。极目远眺，池塘的后面是一片更加美丽的丛林，野生的浆果、灌木、蕨类植物争相盛开热闹极了。

杰克是一个平凡的人，但他拥有着一颗博爱的心。在他的领土上，你看不到"私人所有，不得擅入"或"擅入必究"的字样。取而代之的是原野尽头那让人倍感亲切的标语，"这里的莲花欢迎你"。他得到了所有人的由衷爱戴，原因很简单，他真诚地爱着所有人，并愿意与他们分享他的一切。

在这里人们常能碰到正在玩耍的天真孩子和风尘仆仆、步履蹒跚的旅人，不止一次看到他们离去时脸上那与来时全然不同的神情，仿佛卸下了身上的重负，直到现在人们的耳边似乎还能听到他们离去时的低声呢喃和祝福。有些人甚至把这里称为世外桃源。闲暇时作为主人的他也会在此静坐享受夜晚的寂静。当外人离去后，他趁着皎洁的月光在园中往来踱步或坐在老式的木质长椅上伴着芬馥的野花香喝点什么。他是一个具有一切美好品质的人。用他自己的话说，这里是他一生中最伟大最成功之处，经常带给他莫名的感动。

毗邻的一切生物仿佛也能感受到这里散发出的亲善、友好、宁谧、欢欣的气氛。牛羊们会漫步到树林边古老的石栏下，张望着里面美好的景致，我想它们真的是在跟我们一起共享这份温馨。动物们面带微笑昭示着它们的心满意足和欢欣愉悦，或许这就是他的心中所求吧，因为每当此时他也会露出会心的微笑，表示他能理解它们的心满意足和欢欣愉悦。

水源的供给原本丰沛，水池的进水阀又总是开到最大，这让水流顺流而下，不仅在栏边驻足的牛羊能饮到甘甜的山泉，邻家的田园亦可受惠。

不久前，杰克因事不得不离开大约一年的光景，这段时间里他把房子租给了另外一个男人，新租客是位非常"实际"的人，他决不作任何无法给他带来直接利益的事。连接莲花池与蓄水池之间的阀门被关闭了，土地再也得不到泉水的滋润和灌溉；朋友立起的"这里的莲花欢迎你"的标语也被移走；池边再也见不到嬉戏的顽童和欣慰的旅人。总之这里发生了天翻地覆的变化，再不复往昔林木欣欣向荣、泉水涓涓而流的样子。池里的花朵因失去了赖以生存的水源而日渐凋零，只有伏在池底烂泥上枯萎的花茎还在向人们诉说着往日的热闹。原本在清澈的池水中悠然而动的鱼早已化为枯骨，走近池边便能闻到它们发出的腥臭。岸边没有了绽放的鲜花，鸟儿不再停留于此，蜜蜂们已移居它处，园中亦不见蜿蜒的流水，栏外成群的牛羊再也饮不到甘甜的清泉。

如我们所见，今天的莲花池与杰克悉心照料的莲花池有天壤之别。细究之下，造成这一切差别的原因却十分微不足道，仅仅是因为后者关闭了引水的阀门，阻止了来自山腰的水流。这个貌似简单的举动，掐断了一切生物的生命之源。它不仅毁掉了生机盎然的莲花池，还间接破坏了周围的环境，剥夺了邻居们与动物们的幸福。

看了上面的故事，你是否对生命的真谛有了新的感悟？在这个莲花池的故事中，杰克那种博爱的胸怀就是宇宙间最真、最美的东西。

其实，故事里的莲花池跟你我的生命是无法相提并论的，因为它的生命完全掌握在他人之手，只有依赖别人替它打开阀门才能生存下去。相对于莲花池的无助，我们的生命则强势许多，至少我们可以自由决定从外界汲取的能量及信息，能够掌握人生的只有我们自己的思想。

自私不是给当下最好的祝福

有一句名言说："人活着应该让别人因为你活着而得到益处。"学会分享、给予和付出，你会感受到舍己为人、不求任何回报的快乐和满足。幸福犹如香水，你不可能泼向别人而自己不沾几滴。的确，在生活中，超越狭隘、帮助他人、撒播美丽、善意地看待这个世界……快乐、幸福和丰收会时时与我们相伴。对此，罗曼·罗兰说得很精彩："快乐和幸福不能靠外来的物质和虚荣，而要靠自己内心的高贵和正直。"

贝尔太太是美国一位有钱的贵妇，她在亚特兰大城外修了一座花园。花园又大又美，吸引了许多游客，他们毫无顾忌地跑到贝尔太太的花园里游玩。

年轻人在绿草如茵的草坪上跳起了欢快的舞蹈；小孩子扎进花丛中捕捉蝴蝶：老人蹲在池塘边垂钓；有人甚至在花园当中支起了帐篷，打算在此过他们浪漫的盛夏之夜。贝尔太太站在窗前，看着这群快乐得忘乎所以的人们，看着他们在属于她的园子里尽情地唱歌、跳舞、欢笑。她越看越生气，就叫仆人在园门外挂了一块牌子，上面写着：私人花园，未经允许，请勿入内。可是这一点也不管用，那些人还是成群结队地走进花园游玩。贝尔太太只好让她的仆人前去阻拦，结果发生了争执，有人竟拆走了花园的篱笆墙。

后来贝尔太太想出了一个绝妙的主意，她让仆人把园门外的那块牌子取下来，换上了一块新牌子，上面写着：欢迎你们来此游玩、为了安全起见，本园的主人特别提醒大家，花园的草丛中有一种毒蛇。如果哪位不慎被蛇咬伤，请在半小时内采取紧急救治措施，否则性命难保。最后告诉大家，离此地最近的一家医院在威尔镇，驱车大约50

分钟即到。

这真是一个绝妙的主意，那些贪玩的游客看了这块牌子后，对这座美丽的花园望而却步了。几年后，有人再往贝尔太太的花园去，却发现那里因为园子太大，走动的人太少而真的杂草丛生，毒蛇横行，几乎荒芜了。孤独、寂寞的贝尔太太守着她的大花园，她非常怀念那些曾经来她的园子里玩得快乐的游客。

贝尔太太用一块牌子为自己筑了一道特别的"篱笆墙"，随时防范别人的靠近。这道看不见的篱笆墙就是自我封闭。

自我封闭就是把自我局限在一个狭小的圈子里，隔绝与外界的交流与接触。自我封闭的人就像契诃夫笔下的装在套子中的人一样，把自己严严实实包裹起来，因此很容易陷入孤独与寂寞之中。自我封闭的后果是什么呢？在封闭自己的同时，也把快乐和幸福封闭在外面。所以，自私并不能使自己在当下最多地受益，相反地，它只会折磨我们的当下。

自私是人的本性，但是我们要知道，我们在社会中，就是社会性动物，没有谁能够独立生活。人与人之间少不了交往，我们也总有用到别人帮忙的时候。所以，不要吝啬分享你的东西，有时只是一杯小小的可乐，都可以让你拥有一个朋友。

伸出援助的手

生活就好像在爬山。如果在前面的人能够经常回头来跟后面的人开一句玩笑，或者招招手，说一些鼓励的话，那么对后面的人会有很大帮助。生活里的每一个人都是爬山的人，应该相互帮助和鼓励。如果我们偶遇了那些比我们悲惨的同伴，那就证明我们爬在了他们的前面，此刻我们需要做的，就是向他伸出援助的手，给他鼓励和支持，让他的精神得到振奋。

2005年深秋的一个下午，北京王府井大街地下通道里一对求助的母子，吸引了不少路人的目光。孩子有四五岁，但是身体孱弱，头部大得出奇，活动也不太方便。母亲不时照顾着怀中的孩子，除此之外，似乎对身边的其他事物并不关心，偶尔有好心的路人给他们留下钱物，母亲也没有什么反应，表情有些茫然。

友邦保险北京分公司的营销员姚默当天碰巧路过这里看到了这对母子，便上前询问二人的情况。原来这对母子是贵阳人，妈妈叫刘燕，孩子叫小伟。小伟出生后不久便患了脑积水，由于在所居住的县城医院条件有限，得不到很好的医治，只好到北京求医。小伟曾经在北京一家医院动过一次手术，但是后来的状况并不好。刘燕想给孩子继续治病，无奈家里的积蓄已经花光了，只好在北京街头乞讨，寻求帮助。在确定孩子母亲所说的属实后，姚默给母子留下了一些钱，并决定为他们提供一些帮助。随后姚默咨询了民政部门，得知按照现行的相关政策，小伟的情况可以在当地残联得到一定的救助，于是便把这一信息告诉了刘燕，并送母子二人回到了贵阳。

然而在一年之后，姚默再次在北京王府井大街的地下通道里遇到了母子二人。原来，当地残联以小伟未满18周岁为由，并没有给他提供相应的救助。在这一年中，小伟的病情逐渐加重，由于脑部受到积水挤压，已经影响了发育，四肢不能正常活动，连进食时的吞咽都非常艰难。之前为小伟动过手术的大夫告诉刘燕，目前找不到更好的办法，劝她放弃治疗。但刘燕不想放弃，她坚信有一天小伟会康复，能像其他孩子一样，自己吃饭，自己玩耍。同样身为一位母亲的姚默被刘燕深深打动了，再次联系了民政部门、红十字会等机构，但得到的答复都是"达不到申请救助的标准"，她只好向公司寻求帮助。

公司的伙伴们得知这一情况后，也被小伟的不幸遭遇所打动，纷纷伸出了援助之手。通过联系，北京天坛医院为小伟重新做了一次检查，并准备制订进一步的治疗方案。在公司和同事的帮助下，姚默开始在中保网和博客网上筹划小伟的"爱心专栏"，呼吁更多的好心人为小伟提供帮助。

一个人的力量是渺小的，可是如果每个人都能对那些处于困境中的同伴伸出援手，那么大家凝结在一起的力量就是巨大的。

我们与我们的同类是结伴而行的。尽管自己的路途不一定顺利，可是一旦我们在途中发现了掉队的同伴，就应该大喊一声，并且主动伸出援助之手，给他以精神上的鼓励，让他有能够战胜一切困难的信心。

不必为接受别人的帮助感到羞愧

一个人的才能和力量总是有限的，很多时候我们都需要别人的帮助，在必要的时候接受别人的帮助就像战士要保护自己的城池一样是在履行自己的职责。在战场上，如果你拒绝别人的帮助就会使自己处于孤立无援的地步，有可能失去城池甚至是自己的生命，因此接受别人的帮助没有什么好羞愧的。

一个小男孩在沙滩里玩耍。他身边有他的一些玩具——小汽车、货车、塑料水桶和一把亮闪闪的塑料铲子。在松软的沙堆上修筑公路和隧道时，他发现一块很大的岩石挡住了去路。小男孩开始挖掘岩石周围的沙子，企图把它从泥沙中弄出去。他是个很小的孩子，而岩石相当巨大。手脚并用，他花尽了力气，岩石却纹丝不动。小男孩下定决心，手推、肩挤，左摇右晃，一次又一次地向岩石发起冲击，可是，每当他刚把岩石搬动一点点的时候，岩石便又随着他的稍事休息而重新返回原地。小男孩气得直叫唤，使出吃奶的力气猛推猛挤。但是，他得到的唯一回报便是岩石滚回来时砸伤了他的手指。最后，他筋疲力尽，坐在沙滩上伤心地哭了起来。

这整个过程，他的父亲从不远处看得一清二楚。当泪珠滚过孩子的脸庞时，父亲来到了他的跟前。父亲的话温和而坚定："儿子，你为什么不用上所有的力量呢？"男孩抽泣道："爸爸，我已经用尽全力了，我已经用尽了我所有的力量！""不对，"父亲亲切地纠正道，"儿子，你并没有用尽你所有的力量。你没有请求我的帮助。"说完，父亲弯下腰抱起岩石，将岩石扔到了远处。

这个故事就是要告诉我们，在你尽了自己所有的努力仍然没有完成任务时，接受别人的帮助往往会事半功倍。可是在现实生活里，人们常常不喜欢主动请求别人的帮助，觉得寻求别人的帮助是一件很不好的事情。

克契到佛光禅师那里学禅也有好一段时间了，由于个性客气，遇事总会想办法自己解决，尽可能不麻烦别人，就连修行，也是一个人闷着头默默地进行。一天，佛光禅师问他说："你来我这儿也有12个年头了，有没有什么问题？要不要坐下来聊聊？"

克契连忙回答："禅师您已经很忙了，学僧怎好随便打扰呢？"

时光荏苒，岁月如梭，一晃眼，又是三个秋冬。

这天，佛光禅师在路上碰到克契，又有意点他，主动问道："克契啊！你在参禅修道上可有遇到些什么问题吗？有的话就要开口问。"

克契答道："禅师您那么忙，学僧不好耽误您的时间！"

一年后，克契经过佛光禅师禅房外，禅师再对克契说道："克契你过来，今天我有空，不妨进禅室来谈谈禅道。"

克契禅僧赶忙合掌作礼，不好意思地说："禅师很忙，我怎能随便浪费您的时间？"佛光禅师知道克契过分谦虚，这样的话，再怎样参禅，也是无法开悟的，得采取更直接的态度不可了，所以当佛光禅师再次遇到克契的时候，便明白地对克契说："学道坐禅，要不断参究，你为何老是不来问我呢？"

只见克契仍然应道："老禅师，您忙！学僧实在是不敢打扰！"

这时，佛光禅师大声喝道："忙！忙！我究竟是为谁在忙呢？除了别人，我也可以为你忙呀！"佛光禅师这一句"我也可以为你忙"的话，顿时打入克契的心中。

自己的力量是有限的，只有善假于物，必要的时候接受别人的帮助才能使事情事半功倍。若想在自己困难的时候有人愿意帮助你，你平时就必须要做到：

关心别人，做到心中有他人。给人适当的关心，会让人对你产生信任。当你有困难的时候，别人也会给予及时的帮助。

在接受别人的帮助后，要真诚地感激，并且不要为有人帮助了你而感到羞愧。

一句悦耳的话就能抚慰一颗受伤的心

有这样一则故事：

一个驯兽师在训练鲸鱼跳高，在开始的时候他先把绳子放在水面下，使鲸鱼不得不从绳子上方通过，鲸鱼每次经过绳子上方就会得到奖励，它们会得到鱼吃，会有人拍拍它并和它玩，训练师以此对这只鲸鱼表示鼓励。当鲸鱼从绳子上方通过的次数逐渐多于从下方经过的次数时，训练师就会把绳子提高，只不过提高的速度会很慢，不至于让鲸鱼因为过多的失败而沮丧。训练师慢慢地把绳子提高，一次一次地鼓励，鲸鱼也一步一步地跳得比前一次高。最后鲸鱼跳过了世界纪录。

无疑是鼓励的力量让这只鲸鱼跃过了这一载入吉尼斯世界纪录的高度。对一只鲸鱼如此，对于聪明的人类来说更是这样，鼓励、赞赏和肯定，会使一个人的潜能得到最大限度的发挥。可事实上更多的人是与训练师相反，起初就定出相当的高度，一旦达不到目标，就大声批评。

观众的掌声对一个赛场上的球队有没有好处？答案是肯定的。每个球队都知道，赛场上天时、地利、人和都是非常重要的。观众鼓励球队的热情是支持球队打胜仗最重要的力量之一。每个球队都承认，球迷的打气使他们感觉自己受到了尊重，情绪激动，斗志昂扬。

同样的道理，在日常生活中，鼓励也是很重要的一个因素，而且也是很有用的。在家庭里，夫妻应该彼此鼓励，父母与子女应该彼此鼓励；在工作上，老板和员工更是应该彼此鼓励；在生活中，朋友之间也应彼此鼓励，因为一句鼓励的话就可能抚慰一颗受伤的心灵。

亨利·汉克，是印第安纳州洛威市一家卡车经销商的服务经理，他公司有一个工人，工作越来越差。但亨利·汉克没有对他吼叫，而是把他叫到办公室里来，跟他进行了坦诚的交谈。

他说："希尔，你是个很棒的技工。你在这里工作也有好几年了，你修的车子也很令顾客满意。有很多人都称赞你的技术好。可是最近，你完成一件工作所需的时间加长了，而且你的质量也比不上你以前的水平。也许我们可以一起来想个办法解决这个问题。"

希尔回答说他并不知道他没有尽他的职责，并且向他的上司保证，他以后一定改进。最后他也确实那样做了。

不要吝啬自己的鼓励！有的时候，你的一句鼓励可能会让对方终生受益。给同学一点鼓励，每个人都有可能遇到生活上的不同考验，在别人经历风雨的时候，及时地给予一些安慰和鼓励。在他考试没考好的时候，送上一句"下次努力，你的成绩肯定会很好的"；在朋友遇到困难时，送上一句"你平时那么棒，这些困难算什么"，多给大家鼓励。一句鼓励的话，相信会给失意的人很大帮助。

每一个角落都在等待阳光的照耀，每一个人都在等待美好时光的到来，每一颗心都在等待心灵的碰撞。为别人鼓掌喝彩，就是尊重别人的价值，让别人在无情的竞争中获得一份温情。也许他是一只煅烧失败、一经出世就遭冷落的瓷器，没有凝脂般的釉色，没有精致的花纹，无法被人藏于香阁。但是，你对他的安慰和鼓励，可能会给他一片灿烂的艳阳天。

第五章

学会接受不可更改的事实

命运女神是想通过人生这场戏来造就我们，而不是破坏我们。所以，生活中的一切都是对我们有益的。那些还在为了当下和未来而忧虑的人们，早就应该停止了你们的挂虑，开始感恩上苍给我们的益处了。

世上没有任何事情是值得忧虑的

获得平静的心灵有一个很重要的方法，那就是将心灵腾空。你可以多尝试几次，一定要腾空心中的恐惧、仇恨、不安全感、内疚、悔恨和罪恶感。事实上，只要你腾空自己的心灵，就会缓和你的痛苦和负担。如果你不这样做，一味地忧虑下去，那么你只是在折磨自己，事情也不会发生任何的改变。

一个商人的妻子不停地劝慰着她那在床上翻来覆去、折腾了足有几百次的丈夫："睡吧，别再胡思乱想了。"

"嗨，老婆啊，"丈夫说，"几个月前，我借了一笔钱，明天就到还钱的日子了。可你知道，咱家哪儿有钱啊！你也知道，借给我钱的那些邻居们比蝎子还毒，我要是还不上钱，他们能饶得了我吗？为了这个，我能睡得着吗？"他接着又在床上继续翻来覆去。

妻子试图劝他，让他宽心："睡吧，等到明天，总会有办法的，我们说不定能弄到钱还债的。"

"不行了，一点儿办法都没有啦！"

最后，妻子忍耐不住了，她爬上房顶，对着邻居家高声喊道："你们知道，我丈夫欠你们的债明天就要到期了。现在我告诉你们：我丈夫明天没有钱还债！"她跑回卧室，对丈夫说："这回睡不着觉的不是你，而是他们了。"

如果凌晨三四点钟的时候，你还在忧虑，似乎全世界的重担都压在你肩膀上：到哪里去找一间合适的房子？找一份好一点的工作？怎样可以使那个啰唆的主管对你有好印象？儿子的健康，女儿的行为，明天的伙食，孩子们的学费……你的脑子里有许多烦恼、问题和亟待要做的事在那里滚转翻腾。

只要你采取一个简单的步骤，对自己说一句简短的话，说上几遍，每一次要深呼吸，放松。你要对自己说，同时心里想："不要怕。"

深呼吸，睁开眼睛，再轻松地闭起来，告诉自己："不要怕。"仔细想想这些有魔力的字句，而且要真正相信，不要让你的心仍彷徨在恐惧和烦恼之中。

我们不能将忧虑与计划安排混为一谈，虽然二者都是对未来的一种考虑。未来的计划有助于你现实中的活动，使你对未来有自己的具体想法与行动指南。而忧虑只是因今后可能发生的事情而产生惰性。忧虑是一种流行的社会通病，几乎每个人都要花费大量的时间为未来担忧。忧虑消极而无益，既然你是在为毫无积极效果的行为浪费自己宝贵的时光，那么你就必须改变这一缺点。

请记住，世上没有任何事情是值得忧虑的。你可以让自己的一生在对未来的忧虑中度过，然而无论你多么忧虑，甚至抑郁而死，你也无法改变现实。

相信你的生命得胜有余

什么是得胜有余？它是说：不仅仅要获得胜利，还从中得到了巨大的收获。在与敌人作战的时候，不仅守住自己的领地，还攻陷对方的城池，缴获对方的武器，从而壮大自己的兵力。可见，得胜有余的收益是巨大的，它会给我们带来许多额外的馈赠。可是怎样才能做到得胜有余呢？那就是要相信。

只有我们相信自己能够战胜困境，并且能够从中获得自己想要的结果，我们才能最终实现得胜有余。

1989 年发生在美国洛杉矶一带的大地震，在不到 4 分钟的时间里，使 30 万人受到伤害。在混乱和废墟中，一个年轻的父亲安顿好受伤的妻子，便冲向他 7 岁的儿子上学的学校。他眼前，那个昔日充满孩子们欢声笑语的漂亮的三层教室楼，已变成一堆废墟。

他顿时感到眼前一片漆黑，大喊："阿曼达，我的儿子！"跪在地上大哭了一阵后，他猛地想起自己常对儿子说的一句话："不论发生什么，我总会跟你在一起！"他坚定地挺起身，向那片看起来毫无希望的废墟走去。

他每天早上送儿子上学，知道儿子的教室在楼的一层左后角，他疾步走到那里，开始动手。

在他清理挖掘时，不断有孩子的父母急匆匆地赶来，看到这片废墟，他们痛哭并大喊："我的儿子！""我的女儿！"哭喊过后，他们绝望地离开了，有些人上来拉住这位父亲："太晚了，他们已经死了。"

"这样做无济于事，回家去吧！"

"冷静些，你要面对现实。"

这位父亲双眼直直地看着这些好心人，问道："你是不是来帮助我的?"没人给他肯定的回答,他便埋头接着挖。

救火队长挡住他:"太危险了,随时可能发生起火爆炸。请你离开。"

这位父亲问:"你是不是来帮助我?"

警察走过来:"你很难过,难以控制自己,可这样不但不利于你自己,对他人也有危险,马上回家去吧。"

"你是不是来帮助我?"

人们都摇头叹息地走开了,认为他精神失常了。

这位父亲心中只有一个念头:"儿子在等着我。"

他挖了8小时、12小时、24小时、36小时,没人再来阻挡他。他满脸灰尘,双眼布满血丝,浑身上下到处是血迹。到第38小时,他突然听见底下传出孩子的声音:"爸爸,是你吗?"

是儿子的声音!父亲大喊:"阿曼达!我的儿子!"

"爸爸,真的是你吗?"

"是我,是爸爸!我的儿子!"

"我告诉同学们不要害怕,说只要我爸爸活着就一定会来救我们,因为他说过'无论发生什么,我总会跟你在一起!'"

"你现在怎么样?有几个孩子活着?"

"我们这里有14个同学,都活着,我们都在教室的墙角。房顶塌下来架了个大三角形,我们没被砸着。我们又饿又渴又害怕,现在好了。"

父亲大声向四周呼喊:"这里有14个孩子,都活着!快来人!"

故事里的父亲,在其他人都绝望的情况下保持了一份对命运的信任。因为他的相信,所以不仅仅他的儿子得救了,还意外地救出了十几个孩子。可见,当我们的生命遭遇不利因素的时候,只要我们肯相信自己会得胜有余,那么我们所遭遇的事情,就会成为一种福音。当我们相信得越多,福音就会变得越强大。

正确和欣然地去接受悲哀

很多人惧怕悲哀的事情，因为忧愁和损失同时到来的时候，我们很容易产生万念俱灰的沮丧情绪。而那个时候正是我们在跟命运作战的时候，即使受了打击也不能消沉，因为一旦我们自己失去了作战的信心和动力，那么我们就只能做失败者了。所以，要勇敢地面对悲哀，又要做命运的胜者，是一件太难的事情。

这样的思想是不正确的，因为它夸大了悲哀的负面效应。其实有时候悲哀不是单纯的苦涩，乐观自信的人即使面临困境，也能找到对自己的有利之处。

莲娜有一个悲惨的童年，10岁时母亲因病去世，由于父亲是一个长途汽车司机，经常不在家，也无法提供莲娜正常的生活所需。因此，莲娜自从母亲过世以后，就必须自己洗衣做饭，照顾自己。

然而，老天爷并没有特别关照她。当她17岁时，父亲在工作中不幸因车祸丧生。从此莲娜再也没有亲人能够倚靠了。

可是，噩梦还没有结束，在莲娜走出悲伤，开始独立养活自己之时，她在一次工程事故中，失去了左腿。

然而，一连串意外与不幸，反而让莲娜养成了坚强的性格。她独立面对随之而来的生活不便，也学会了拐杖的使用，即使不小心跌倒，她也不愿伸手请求人们帮忙。最后，她将所有的积蓄算了算，正好足够开一个养殖场。

但老天爷似乎真的存心与她过不去，一场突如其来的大水，将她的最后一丝希望都夺走了！

莲娜终于忍无可忍了，她气愤地来到神殿前，怒气冲冲地责问上帝："你为什么对我这么不公平？"

上帝听到责骂，现身后满脸平静地反问："哪里不公平呢？"

莲娜将她的不幸，一五一十地仔细说给上帝听。

上帝听完了莲娜的遭遇后，又问："原来是这样啊！的确很凄惨，那么，你干吗还要活下去呢？"

莲娜听到上帝这么嘲讽她，气得颤抖地说："我不会死的！我经历了这么多不幸的事，已经没有什么能让我感到害怕的了。总有一天我会靠着自己的力量，创造自己的幸福！"

上帝这时转身朝向另一个方向，"你看！"他对莲娜说，"这个人生前比你幸运许多，他可以说是一路顺风地走到生命的终点。不过，他最后一次的遭遇却和你一样，在那场洪水里，他也失去了所有的财富。不同的是，他之后便绝望地选择了自杀，而你坚强地活了下来！"

正是悲惨的生活成就了莲娜的坚强，所以生活的悲哀并不仅仅如同表象展示出来的那样，只是带给我们伤痛的，是在用另一种方式来完善我们的精神。

在哀痛者的心里，悲伤的往事无疑会留下不可磨灭的痕迹，然而若能正确和欣然地接受它，就能发挥出巨大的作用。因为没有经历过苦楚的人，内心之中不能升华出伟大的情操。而只有经历过哀伤的人，才能在重压之下变得更加坚强、更加勇敢。

学会接受不可更改的事实

很多时候，我们都喜欢设想，假如自己出生在国外多好，假如自己长得漂亮一点、身材再高一些，假如当初报了另一所大学，假如他不出现在错误的时间，等等，如果这些设想都能够成立，那么这个世界一定会变得非常完美，至少是我们认为的圆满。

遗憾的是，人生不过是一张单程车票，所有走过的、经历过的都成为不可更改的事实和历史。所有欢欣的悲伤的，无论你愿意接受还是不愿意接受，都成为生活的真相，且成为不可更改的历史。

有个成语叫"木已成舟"，听到这个词，就会觉得人生有很多无奈。在我们的生活中，不是经常面临着许多"木已成舟"的事实吗？比如，我们没有出生在经济发达的美国，高考的时候遭遇了变革，毕业后不再分配而是自主择业……有人哀叹生不逢时，有人抱怨命运不公。既然有些事情是我们不能把握和控制的，再多的抱怨也无济于事，我们就只能接受，再想办法去改善。就像我们打扑克，分到你手上的可能是一手好牌也可能是一手烂牌，但无论如何，我们都要想办法发挥出最高的水平，争取赢下这一局牌。

曾经有这样一则小故事，名叫《放手》：

有一个樵夫到山上砍柴，由于不慎而跌下山崖，在即将被摔得粉碎的情况下，情急之中他拉住了半山腰上一根横出的树干，幸好这根树干比较结实，樵夫并没有掉下山崖，而是被吊在半空中，暂时是保住了命。但是新的问题又来了：悬崖光秃秃的，并没有可以抓手的地方，况且还很高，人根本就爬不上去，而下面就是崖谷，跳下去似乎也不是那么合适。

无奈的樵夫只好在那里等待救援，可谁又知道他被吊在半空了呢？

正在不知如何是好的时候，恰巧有一老僧路过，他给了樵夫一个指点，说："放手！"

"放手，那我不就掉下去了吗？"

既然不能上，那么唯一活命的途径已经被证实是不可能的了。如果总这么吊着也肯定只能等死，那唯一的办法就只有往下跳了——虽然不一定活，但也不一定死，说不定还可以顺着山势来缓和一点掉下去的冲力。或者在掉下去的半途中能够有另一棵树挡你一下，那么就可以再减掉一次冲力，生还的机会还是很大。也许还可以抓到石头，也许没有，也许可能真的会死，但还有一个很大的可能，就是也许不会死。

现代社会的生活很多就犹如这个可怜的樵夫所遇到的情况一样，进也不是，退也不是，争取也不是，放弃也不是。犹如鸡肋，食之无味，弃之可惜。这个时候与其夹在中间难受，倒不如放弃支撑的精力，痛痛快快地放手，将全部精力付诸一搏。

在现代社会中，竞争日益激烈，这种情况很可能随时都会发生。那么这个时候，我们又该如何去应对呢？一种办法就是接受已经发生的不可改变的现实，并从这个现实出发，再作另行考虑。而不是在那里想着怎样才能改变这种现实，或者是心有不甘而想着要如何才能回到过去。这样做既不能如你所愿真的回到过去，又会浪费你宝贵的时间，与其这样，还不如接受这个失败的现实，积蓄力量，等待时机，东山再起。

不要抱怨上天的不公，也不要抱怨命运的坎坷，很多有所成就的人，比如肌肉萎缩的霍金、天生失明的海伦·凯勒、身高先天不足的邓亚萍，他们之所以能取得卓越的成绩，并不是因为上天多么青睐他们，而是因为他们勇于接受无法改变的现实。

遭遇寒冬，很多的人会设想暖春来慰藉自己，这本无可厚非，但若是沉溺其中，这些假设就会成为我们心灵的枷锁，让我们学会逃避，不敢面对事实真相。我们要学会敢于接受真相，不和过去的任何事情较劲儿，才有精力去"改造"自己不尽如人意的命运。

鲁迅说过，真的猛士，敢于直面惨淡的人生，敢于正视淋漓的鲜血。那么，就让我们做这样一个真正的猛士和勇者，直面不如意的现状，并想方设法去改造它。

苦楚也可掩埋在微笑之下

命运不会吝啬给我们苦楚，可是如果我们保持乐观的心态，那么即便是有再多的苦楚，我们也能将其掩埋在微笑之下。

钟爱东，百庙鱼塘的主人，被评为省"巾帼科技兴农带头人"。

从一名普通的下岗女工到身价千万的养殖大王，不惑之年的钟爱东仍然勤劳淳朴。事业几经起落，她说，横下一条心，没有过不去的坎儿。

1997年1月1日，钟爱东不能忘却的日子，这一天，本以为捧上"铁饭碗"的她下岗了。在这家工厂工作了近20年，还成了厂里的"一把手"，钟爱东说，她把全部的心血、最好的青春年华，都给了工厂，甚至没有时间照顾年幼的孩子，"当时觉得，心里有什么东西被人硬掰了下来"，钟爱东说，那天，她哭了。

下岗后，她接到的第一个电话，是花都区妇联打来的，她说，就是这个电话，在最艰难的时候教会她"用笑容去迎接困难"。钟爱东在当厂长的时候就经常与周围的农民接触，知道养殖水产有赚头，看准这一点，她拿出了仅有的2000元"箱底钱"，又东奔西走借了些款，一咬牙承包了200亩低洼田，资金不够，就赚一分投入一分，滚动式周转。几年下来，天天"泡"鱼塘、搞技术，200亩低洼田变成了水产养殖地。钟爱东说，那时鱼塘就是全部的生活了，她每天早上都要花一个小时绕池塘走上一圈。

钟爱东没想到，生活中的第二次打击来得这么快。1997年5月8日，是钟爱东伤心的日子。那一天，一场大洪水湮灭了她刚刚兴旺的鱼塘。站在堤坝上，看着不断上涨的洪水一点点吞没了鱼塘，钟爱东绝望地回家了。"哪里跌倒就从哪里爬起来。"钟爱东说，这是当时丈夫说的唯一的话，倔强的她这次没有流泪。她开始带着工人挖塘、养苗，引进新技术、新鱼种，被洪水湮灭的鱼塘一点点"回来"了。

钟爱东成了远近闻名的"鱼王"，鱼塘越做越大，还办起了企业。多年的艰难经营，"养鱼为生"的钟爱东对技术情有独钟：一个没有创新、没有新产品的企业，就像脱水的鱼。

钟爱东有个温暖的四口之家，她说，在最困难的时候，家人的支持成了她的精神支柱。"当初好多次想到放弃，是他们帮我挺过了难关。"历经磨难，钟爱东说最重要的是要学会如何看待失败，"下岗、失败都不用怕，路是自己走出来的，认定目标走下去，一定会成功。"

生命，有起有落，有悲有喜，起伏不定，但是太阳依然光亮，月亮仍然美丽，星星依旧闪烁……一切的一切仍旧是那么和谐，而生命，依然会有着更绚烂的色彩亟待我们去开发。明天，总是美好的，只要我们有信心，在艰难中咬紧牙关，就能够在痛苦中盼来新的晨曦。

善待生命中的每一分钟

非洲有一个部落，婴儿刚生下来就"获得"60岁的寿命，从60岁算起，随着婴儿长大，以后逐年递减，直到零岁。人生大事都得在这60年内完成，此后的岁月便颐养天年了。

好独特的计岁方法，人生不过是我们从上苍手中"借来"的一段岁月而已，过一年"还"一岁，直至生命终止。可惜我们常会产生这样一种错觉：日子长着呢！于是，我们懒惰，我们懈怠，我们怯懦……无论做错什么，我们都可以原谅自己，因为来日方长，不管什么事放到明天再做也不迟。

但终有一日，死亡的阴影笼罩我们时，我们才悚然而惊：糟了，总以为将来还长着呢，怎么死亡说来就来了。那些未尽的责任怎么办？那些未了的心愿怎么办？那些未实现的诺言怎么办……可面对死亡通知书，人们只能踏上那条不归路。追悔也罢，遗憾也罢，那个早已写好的结局无人能够更改。面对即将降临的死神，也许人们会在迷迷糊糊中想起"譬如朝露，去日苦多"的感叹，想起"少壮不努力，老大徒伤悲"的教诲，可一切都悔之晚矣。

生命既是借来的一段光阴，当然是过一天少一天了。而面对自己日渐减少的寿命，谁又能无动于衷呢？那个倒着计岁的非洲部落，他们的人生智慧真是令人惊叹。

可是，跟他们有着同样生命的我们，似乎还没有认识到时间的宝贵。生命是一种时间的递减，每过一分钟，我们便会失去生命中的一分钟。

有人算过这样一笔账：假如人能活70岁，而每天睡觉8小时，那么70年会睡掉204400小时，合8517天，为23年零4个月。这样，人还剩下 46 年零 8 个月的时间。此外，闲聊、看病等时间，再加上退休后不工作的时间，约合 36 年零 2 个月。如此算来，一个人活到 70 岁，自己只有 10 年零 6 个月的时间可以用来做些事。更何况并不是人人都能活到 70 岁的。

由此看来，我们能真正拥有的时间寥寥无几。树枯了，有再青的机会；花谢了，有再开的时候；燕子去了，有再回来的时刻；然而，人的时间一旦逝去，就如覆水难收，难以挽回。因此，时间对于我们每一个人来说都是最宝贵的财富，要珍惜时间，爱护生命，利用好你生命中的每分每秒。

又有人这样计算时间，人的一生其实只有 3 天：昨天、今天、明天。昨天已逝，明天未至，而我们要面对的只有今天。李大钊说过一句话："我认为世间最宝贵的是'今'，最易失去的也是'今'"。很多人都喜欢憧憬明天，渴望明天的太阳和今天不一样；也有一些人常常徘徊在昨天的绿洲里流连忘返，但是他们忽略了今天。是的，也许明天很好、很美，明天的太阳比今天灿烂辉煌。可是，"明日复明日，明日何其多"，一个人如果不懂得珍惜今天的时光，又怎么能谈得上珍惜明天的光阴呢？

"今天"与"生命"聊天，"生命"问了一句："过得怎么样？"

"今天"答道："到现在为止，今天是我最好的一天！"

"生命"仿佛为"今天"的答案感到吃惊。

"你最好的一天？""生命"用一种惊诧的口气重新问道。

"是的。"他迅速而且又充满信心地回答。

"生命"又问了一遍："你确定吗？"

"是的。"他再一次确认。

他能感觉到"生命"并不相信他讲的是真话。当然，他知道"生命"相不相信并不重要，重要的是他自己相信。

"生命"问他："你怎么能说今天是到现在为止，你最好的一天呢？你结婚那天呢？难道不比今天更好吗？"

他答道："我一直而且将永远记得我结婚那天，我的妻子是多么快乐。我也记得第一个孩子出生的情景。我还记得在甜品店喝奶昔，意识到自己还能做事。我记得给一只眼睛看不见的小鸭子喂食的那天。我也记得我和儿子一起爬上奥林匹亚山，欣赏这美丽的世界。我一直记得当我看见刚刚犁过的、黑色的、潮湿的、肥沃的泥土，等着我们播种、收获的那天。

　　我还记得在学年手册上读到学校里最传统的女孩儿写的评语，说我是高年级最好的男孩子。我还记得有个女孩对我说她尊重我，而我告诉自己，我也尊重自己。我记得那天船长公正地对待我。我记得海军军官说我不能参军，而母亲仁慈地告诉我说还有希望。我也记得其他两万多个美好的日子，每一天都成就了现在的生活。那些天里，一定有许多天可以排在我好日子列表的前面，但没有一天是最好的一天，它们中的任何一天都只能排第二。"

操纵你的是隐蔽在内部的信念

　　如果有人冒犯你，请先不要愤怒，愤怒是不能解决任何问题的，只会让自己过于激动，没有办法运用理性正确地看清问题，被愤怒蒙蔽了双眼、蒙蔽了心灵，从而不能正确地看清事物的本质、判断事物的好坏，这是毫无益处的。其实真正打扰我们的不是别人的行为，别人的行为不会直接作用于我们身上，真正打扰我们的是我们自己的意见，只有我们自己的意见才会对我们的行动产生影响。所以，先放弃你对一个行为的判断吧，尝试一下下面介绍的方法，也许可以让你回归到理性上。

　　第一，思考一下你和人群的关系。所有的人类都是被神明派到世上来相互合作的，而你的位置被放在他们之上，就像是牛群中领头的公牛、羊群中领头的公羊。如果万物都不只是原子的聚合，那么自然必定就是支配所有事物的力量。那样的话，低级的事物必然是为高级的事物而存在的，而高级的事物之间又是彼此依存的。

　　第二，思考一下别人在用餐时、在睡觉时、在别的场合都是怎样的？他们遵从怎样的思想支配？在他们冒犯别人的时候，是带着怎样的骄傲的？

　　第三，如果别人正在做着他们所做的事情时，我们不必感到不快；而人们有时候会出于无知而不知不觉地在做着不正当的事情。他只是在追求他的真理，因为没有一个灵魂是会放弃追求真理的。他也不愿意被剥夺宇宙赐予他的为人处世的能力，所以当他由于无知犯错而被人指责不正直、背信弃义、贪婪的时候，他是很痛苦的。

　　第四，要想到，你自己也和他们一样，犯了很多不自觉的错误。也许你已经纠正了这种错误，但难保你不会再犯。何况你戒除这些错误，很大程度上还是出于不纯的动机，比如出于怯懦，或者害怕失去名誉，或者其他的原因。

第五，当你断定别人在做着不正当的事情时，你也要想一想你的判断是否正确，因为很多事情其中另有隐情。我们必须了解更多，才能对别人做出正确的判断。

第六，在你烦恼、愤怒和悲伤时，想一想生命是很短暂的，也许下一秒你就会死去。

第七，困扰我们的实际上并不是别人的行为，而是你对于这些行为的看法。那么消除这种看法，放弃那些认为某件事情是极恶的东西的判断，你的怒火就能够得到平息。那么怎么才能消除这种判断呢？只需要明白一个道理：就是别人的行为并不是你的耻辱，只有你自作的恶行才是你的耻辱。如果你为别人的行为也感到耻辱，那你就是在代替那些强盗或恶人受过了。

第八，要想一想，由于这种行为引起的烦恼和愤怒带给我们的痛苦，比这种行为本身带来的痛苦要多得多。

第九，保持一种和善的气质是令任何人都无法拒绝的，但要是真实的、发自内心的，而不是一种表面上故作的微笑。始终和善地对待他人，即使最暴躁无礼的人，也不会对你怎么样。在条件允许的情况下，你可以用一种温和的态度纠正他的错误，你要以这种语气说："孩子，不要这样，我们是被宙斯派到一起来共同合作的，他将不会让我受到伤害，而你在伤害你自己。蜜蜂，还有其他的动物，都是这样，它们都不会像你这样伤害自己。"用这样的口吻，循循善诱地告诉他这些道理，不带着任何双重的意向，不带着任何斥责、怨恨的感情，亲切和善地关心他的感受，而不要做给旁人看。

按照上面的方法，你就会发现，只要自己恢复了平静和理性，那些打扰到我们内心的事物就几乎不存在了。可见，真正影响到我们的生活的，只是我们隐藏在自己内心深处的信念。所以，只要能够控制住自己的内心，我们就掌握了人生的主动权。

快乐地遵从上天的向导

亚里士多德说，生命的本质在于追求快乐。可见，快乐才是我们人生的主旋律，追求快乐是上天的向导的一种遵从。那些消极与悲观的思想，就应该尽早从我们的生活里根除。

有一天，唐娜接到国防部的电报，说她的侄儿——她最爱的一个人——在战场上失踪了。唐娜的心一下子就悬了起来，原本开朗达观的她变得焦虑不安、茶饭不思。过了不久，她又接到了阵亡通知书。接到通知书的那一刻，她觉得自己的整个世界都塌陷了。

在此之前，唐娜一直觉得命运对自己很好。她说："伟大的上帝赐给我一份喜欢的工作，又让我顺利地抚养大了相依为命的侄儿。在我看来，我侄儿代表着年轻人美好的一切。我觉得我以前的努力，现在都应该有很好的收获……"

然而，现在来了这样一份电报，她的整个世界都被粉碎了，她觉得再也没有什么值得自己活下去了，她找不到继续生存下去的借口。她开始忽视她的工作，忽视她的朋友，她抛开了生活的一切，对这个世界既冷淡又怨恨。"为什么我最爱的侄儿会死？为什么这么个好孩子——还没有开始他的生活就离开了这个世界？为什么他会死在战场上？"

她觉得自己没有办法接受这个事实。她悲伤过度，决定放弃工作，离开家乡，把自己藏在眼泪和悔恨之中。就在她清理桌子准备辞职的时候，突然看到一封她已经忘了的信——一封她的侄儿生前寄来的信，当时，他的母亲刚刚去世。

侄儿在信上说："当然我们都会想念她的，尤其是你。不过我知道你会平静度过的，以你个人对人生的看法，就能让你坚强起来。我永远不会忘记那些你教给我的美丽的真理。不论我在哪里生活，不论我们分离得多么遥远，我永远都会记得你的教导。你教我要微笑地面对生活，要像一个男子汉，要承受一切发生的事情。"

唐娜把那封信读了一遍又一遍，觉得侄儿就在自己的身边，正在对自己说话。他好像在对自己说："你为什么不照你教给我的办法去做呢？坚持下去，不论发生什么事情，把你个人的悲伤藏在微笑下面，继续生活下去。"

侄儿的信为唐娜带来了很大的安慰和鼓舞，她不再对周围的一切充满敌意，不再对别人冷淡无礼，她又像以前那样充满希望地投入到工作中去。她一再对自己说："事情到了这个地步，我没有能力改变它，不过我能够像他所希望的那样继续活下去。"

唐娜把所有的心思和精力都用在工作上，她写信给前方的士兵——给别人的儿子们；晚上，她参加成人教育班——要找出新的兴趣，结交新的朋友。她几乎不敢相信发生在自己身上的种种变化。她说："我不再为已经过去的那些事悲伤，现在我每天的生活都充满了快乐——就像我的侄儿要我做到的那样。"

就好像唐娜一样，很多问题的关键不在于发生了什么事情，而在于我们怎样看待发生在自己身上的事情。无论发生了什么事情，你都必须接受既定的事实，遵从快乐的向导，把个人的悲伤掩藏在微笑下面，平静地继续生活，这才是我们应对生活的最好方式。

第六章

多一些雅量

我们和我们的同类，难免会因为一些事情发生摩擦，难免会因为失误而彼此伤害，但是纷争并不是我们共同的使命，感恩和宽容才是我们唯一的信仰。

忍受是成熟的开始

忍受是一种宽容。

法国 19 世纪的文学大师维克多·雨果曾说过这样的一句话："世界上最宽阔的是海洋，比海洋宽阔的是天空，比天空更宽阔的是人的胸怀。"生活中，对家长的批评、朋友的误解，过多的争辩和"反击"实不足取，唯有冷静、宽容、谅解最重要。相信这句名言："宽容是在荆棘丛中长出来的谷粒。"能退一步，天地自然宽。

忍受更是一种潇洒。"处处绿扬堪系马，家家有路到长安。"宽厚待人，容纳非议。如果一个人事事斤斤计较、患得患失，那么他一定很累。我们难得人世走一遭，潇洒最重要。

有位先哲曾说："人如果没有忍耐之心，生命就会被无休止的报复和仇恨所支配。"古希腊的大哲学家家苏格拉底，有一天，和一位老朋友在雅典城里漫步，一边走，一边聊天。忽然有一个莫名其妙的人，冲了出来，对苏格拉底打了一棍子，就逃去了。他的朋友立刻回头要去找那个家伙算账。

但是苏格拉底拉住了他，不准他去报复。朋友说："你怕那个人吗？""不，我绝不是怕他。""人家打了你，你都不还手吗？"苏格拉底笑笑说："老朋友，你别生气。难道一头驴子踢你一脚，你也要还它一脚吗？"

有人说忍耐是软弱的象征，其实不然，有软弱之嫌的忍耐根本称不上真正的忍耐。忍耐是人生难得的佳境——一种需要操练、需要修行才能达到的境界。忍耐是一种高尚的美德，它能让你的内心时时充满安详与快乐，也能让你轻松地赢得他人的尊重。

托尔斯泰虽然很有名，又出身贵族，却喜欢和平民百姓在一起，与他们交朋友，从不摆大作家的架子。

一次，他长途旅行时，路过一个小火车站。他想到车站上走走，便来到月台上。这时，一列客车正要开动。汽笛已经拉响了。托尔斯泰正在月台上慢慢走着，忽然，一位女士从列车车窗里冲他直喊："老头儿！老头儿！快替我到候车室把我的手提包取来，我忘记提过来了。"

原来，这位女士见托尔斯泰衣着简朴，还沾了不少尘土，把他当作车站的搬运工了。

托尔斯泰赶忙跑进候车室拿来提包，递给了这位女士。

女士感激地说："谢谢啦！"随手递给托尔斯泰一枚硬币，"这是赏给你的。"

托尔斯泰接过硬币，瞧了瞧，装进了口袋。

正巧，女士身边有个旅客认出了这个风尘仆仆的"搬运工"，就大声对女士叫道："太太，您知道您赏钱给谁了吗？他就是列夫·托尔斯泰呀！"

"啊！老天爷呀！"女士惊呼起来，"我这是在干什么事呀！"她对托尔斯泰急切地解释说："托尔斯泰先生！托尔斯泰先生！看在上帝面儿上，请别计较！请把硬币还给我吧，我怎么会给您小费，多不好意思！我这是干出什么事来啦。"

"太太，您干吗这么激动？"托尔斯泰平静地说，"您又没做什么坏事！这个硬币是我挣来的，我得收下。"

汽笛再次长鸣，列车缓缓开动，带走了那位惶惑不安的女士。

托尔斯泰微笑着，目送列车远去，又继续他的旅行了。

如果这件事情发生在我们的身上，我们是否能如托尔斯泰这般淡然呢？生活中有很多人都不能忍耐，即使遇到一点小事，也不肯放过。其实这样做往往是对自己的折磨，因为不懂得忍耐的人往往都是爱生气的人，跟别人斗气，伤害的总是自己的身体。所以生气时懂得忍耐，不让愤怒伤害灵魂和身体。

挫折面前懂得忍耐。鼓起勇气战胜一切挫折，取得人生的进步，成长和成熟也正从此而开始。

忍受环境，磨砺自己。尼布尔有一句有名的祈祷词说："上帝，请赐给我们胸襟和雅量，让我们平心静气地去接受不可改变的事情；请赐给我们智能，去区分什么是可以改变的，什么是不可以改变的。"这更是我们面对难以忍受之事时的锦囊。

用宽容感化别人的无礼

由于你坚持你自己，忽略了别人的态度，就会有人出来干预你，甚至会对你横眉冷对，要对你横加阻挠。因此，我们必须懂得怎样判断一张无礼的面孔。在大街上，在朋友的客厅里，我们都可能遭遇到别人的白眼。如果这种反感让我们手足无措，那么我们也只能哭丧着脸回家，然后自己躲在一边沮丧。可是，如果我们对待别人的无礼表现出一种宽容、一种大度，那么结果往往会适得其反。

曾任美国总统的福特在大学里是一名橄榄球运动员，体质非常好，所以在 62 岁入主白宫时，他的身体仍然非常挺拔结实。当了总统以后，他继续滑雪、打高尔夫球和网球，而且对这几项运动都很擅长。

1975 年 5 月，他到奥地利访问，当飞机抵达萨尔茨堡，他走下舷梯时，他的皮鞋碰到一个隆起的地方，脚一滑，就跌倒在跑道上。他跳了起来，没有受伤。但使他惊奇的是，记者们竟把他这次跌倒当成一项大新闻，大肆渲染起来。在同一天里，他又在丽希丹宫的被雨淋滑了的长梯上滑倒了两次，险些跌下来。随即一个奇妙的传说散播开了：福特总统笨手笨脚，行动不灵敏。自萨尔茨堡以后，福特每次跌跤或者撞伤头部或者跌倒雪地上，记者们总是添油加醋地把消息向全世界报道。后来，竟然反过来，他不跌跤也变成新闻了。哥伦比亚广播公司曾这样报道说："我一直在等待着总统撞伤头部，或者扭伤胫骨，或者受点轻伤之类的新联来吸引读者。"记者们如此的渲染似乎想给人形成一种印象：福特总统是个行动笨拙的人。电视节目主持人还在电视中和福特总统开玩笑，喜剧演员切维·蔡斯甚至在《星期六现场直播》节目里模仿总统滑倒和跌跤的动作。

福特的新闻秘书朗·聂森对此提出抗议，他对记者们说："总统是健康而且优雅的，他可以说是我们能记得起的总统中身体最为健壮的一位。"

"我是一个活动家，"福特抗议道，"活动家比任何人都容易跌跤。"

他对别人的玩笑总是一笑了之。1976年3月，他还在华盛顿广播电视记者协会年会上和切维·蔡斯同台表演过。节目开始，蔡斯先出场。当乐队奏起"向总统致敬"的乐曲时，他"绊"了一脚，跌倒在歌舞厅的地板上，从一端滑到另一端，头部撞到讲台上。此时，每个到场的人都捧腹大笑，福特也跟着笑了。

当轮到福特出场时，蔡斯站了起来，佯装被餐桌布缠住了，弄得碟子和银餐具纷纷落地。蔡斯装出要把演讲稿放在乐队指挥台上，可一不留心，稿纸掉了，撒得满地都是。众人哄堂大笑，福特却满不在乎地说道："蔡斯先生，你是个非常、非常滑稽的演员。"

一个睿智的玩笑，却化解了别人的尴尬。在面对别人对于自己的无礼时，福特选择了一笑置之，可见福特为人的宽容。

生活里，难免会遇到对自己的非议。那些对着你愤怒的人，往往如同对着你欣喜的人一样让人摸不到头绪。特别是那些领导者，群众愠怒的面孔，和他们对你的欢笑一样，并没有深层的原因，而是随着风向的变化、报纸的操纵而转换的。所以，一个阅历丰富的坚强人物要忍受别人的愤怒并不难。只要你心中充满着包容和谅解，那么别人的攻击也不过是你生命里最不起眼的小事，包容它、忽略它，它也就不会对你产生什么不好的影响了。

责骂是人生的一首赞美诗

　　无论是在工作中，还是在生活中，如果有人责骂我们，我们的心中一定会觉得不舒服，甚至会怨恨对方。其实，责骂并不是我们想象中那样总是带给我们伤痛，相反的，它如同一幕人间的赞美诗，会带给我们愉悦的心情，也能给予我们更多。因为大多数人对我们的责骂，都是带着对我们的期望的，如果不想让你有更好的进步，干脆不管你就好了，何必跟你多费口舌得罪你呢？

　　俗话说：不挨骂，长不大。如果没有一番内心上的刺激，我们往往会变得懈怠，容易随波逐流。只有在经受了心灵上的打击之后，我们才会奋起直追，超越原来的自己。

　　福富做服务生的时候，经常被老板毛利先生责骂，开始的时候他心里很不舒服，常常会暗地里抱怨，可是时间长了，他发现自己每次挨了责骂后都会得到一些启示，学会一些事情，所以福富当时总是"主动地"寻找挨骂。只要遇见了毛利先生，福富绝不会像其他怕麻烦的服务生一样逃之夭夭，他会掌握机会，立刻趋身向前，向毛利先生打招呼，并请教说："早安！请问我有什么地方需要改进？"

　　这时，毛利先生便会对他指出许多需要注意的地方，福富在聆听训话之后，必定马上遵照他的指示改正缺点。

　　福富之所以殷勤主动到毛利先生面前请教，是因为他深知年轻资浅的服务生很难有机会和老板交谈，只有如此把握机会，别无他法。而且向老板请教，通常正是老板在视察自己工作的时候，这就是向老板推销自己的最佳时机。所以，毛利先生对福富的印象特别深刻，对福富有所指示时，也总是亲切直呼他的名字，告诉福富什么地方需要注意。

　　他就这样每天主动又虚心地向他请教，持续了两年。有一天，毛利先生对福富说："我长期观察，发现你工作相当勤勉，值得鼓励，所以明天开始我请你担任经理。"就这样，19岁的服务生一下子便晋升为经理，在待遇方面也提高很多。被人指责训诲，就是在接受另一种形式的教育。对于毛利先生一年365天的不断教导，福富至今仍感谢不已。

　　在被指责或训诲时，尤其是被自己的上级或者比自己尊贵的人指责或训诲，非但要认真地听，听完之后，更要面带笑容，以愉悦的口吻回应："是的，我已经知道了，您说的很中肯，我一定严格要求自己。"

　　相反的，如果遇到这种情况，显出非常紧张不安的话，会让对方认为你心存反抗，而感到不舒服。换言之，静静地接受指责或聆听训诲，并保持不失礼的态度来和对方亲近，就是在尊重对方，是留给对方良好印象的窍门。

　　如果你由于在众人面前被责骂而感到非常丢脸，因此而怨恨的话，那就大错特错，这时，你要换个正确的角度来想，认为他在培养自己、教育自己、帮助自己，在给自己面子。你要认为在众人当中，只有自己才值得特别地被责骂，是最有前途的一个，更可以认为"他对我充满期待"而感到骄傲。最没有前途的人，就是被忽视的人。

用刀剑去攻打，不如用微笑去征服

"我已经结婚18年多了，在这段时间里，从我早上起来，到要上班的时候，我很少对太太微笑，或对她说上几句话。我是最闷闷不乐的人。"

"既然你要我对微笑也发表一段谈话，我就决定试一个礼拜看看。因此，第二天早上梳头的时候，我就看着镜子对自己说：'威尔森，你今天要把脸上的愁容一扫而空。你要微笑起来。现在就开始微笑。'当我坐下来吃早餐的时候，我以'早安，亲爱的'跟太太打招呼，同时对她微笑。

"现在，我要去上班的时候，就会对大楼的电梯管理员微笑着说一声'早安'。我以微笑跟大楼门口的警卫打招呼。当我跟地铁里的出纳小姐换零钱的时候。我对她微笑，当我到达公司，我对那些以前从没见过我微笑的人微笑。

"我很快就发现，每一个人也对我报以微笑。我以一种愉悦的态度，来对待那些满肚子牢骚的人。我一面听着他们的牢骚，一面微笑着，于是问题就更容易解决了。我发现微笑带给我更多的收入，每天都带来更多的钞票。"

微笑是人的宝贵财富，微笑是自信的标志，也是礼貌的象征。人们往往依据你的微笑来获取对你的印象，从而决定对你所要办的事的态度。只要人人都献出一份微笑，办事将不再感到为难，人与人之间的沟通将变得十分容易。

现实工作和生活中，一个人对你满面冰霜、横眉冷对，另一个人对你面带笑容、温暖如春，他们同时向你请教一个工作上的问题，你更欢迎哪一个？显然是后者，你会毫不犹豫地对他知无不言、言无不尽；而对前者，恐怕就恰恰相反了。

一个人面带微笑，远比他穿着一套高档、华丽的衣服更吸引人注意，也更容易受人欢迎。因为微笑是一种宽容、一种接纳，它缩短了彼此的距离，使人与人之间心心相通。喜欢微笑着面对他人的人，往往更容易走入对方的天地。难怪学者们强调："微笑是成功者的先锋。"的确，如果说行动比语言更具有力量，那么微笑就是无声的行动，它所表示的是："你使我快乐，我很高兴见到你。"笑容是结束说话的最佳"句号"，这话真是不假。

有微笑面孔的人，就会有希望。因为一个人的笑容就是他传递好意的信使，他的笑容可以照亮所有看到它的人。没有人喜欢帮助那些整天愁容满面的人，更不会信任他们；很多人在社会上站住脚是从微笑开始的，还有很多人在社会上获得了极好的人缘也是从微笑开始的。

任何一个人都希望自己能给别人留下好感，这种好感可以创造出一种轻松愉快的气氛，可以使彼此结成友善的关系。一个人在社会上就是要靠这种关系才可立足，而微笑正是打开愉快之门的金钥匙。

有人做了一个有趣的实验，以证明微笑的魅力。

他给两个人分别戴上一模一样的面具，上面没有任何表情，然后，他问观众最喜欢哪一个人，答案几乎一样：一个也不喜欢，因为那两个面具都没有表情，他们无从选择。

然后，他要求两个模特儿把面具拿开，现在舞台上有两张不同的脸，他要其中一个人把手盘在胸前，愁眉不展并且一句话也不说，另一个人则面带微笑。

他再问每一位观众："现在，你们对哪一个人最有兴趣？"答案也是一样的，他们选择了那个面带微笑的人。

如果微笑能够真正地伴随着你生命的整个过程，那么它会使我们超越很多自身的局限，使我们的生命自始至终生机勃发。

用你的笑脸去欢迎每一个人，那么你会成为最受欢迎的人。

不要迁怒有缺点的同伴

一日之始就要对自己说：我将遇见好管闲事的人、忘恩负义的人、傲慢的人、欺诈的人、嫉妒的人和孤僻的人。他们染有这些品性是因为他们不知道什么是善，什么是恶。可是如果我们能够分清楚什么是善、什么是恶，就应该对那些无知的人表现出宽容和谅解。因为不管他们是什么人，都是我的同伴，即使眼前还没有合作的机会，但是不知道哪一天，我们终究会相遇。

小提琴演奏家艾德蒙先生曾经历了这样一件事。有一天，当他走进家门的时候，突然听到楼上卧室里传来了小提琴的声音。

"有小偷！"艾德蒙先生马上反应过来，急忙冲上楼。果然，一个大约13岁的陌生少年正在那里摆弄小提琴。他头发蓬乱，脸庞瘦削，不合身的外套里面好像塞了某些东西。他被艾德蒙先生抓了个正着。

那少年见了艾德蒙先生，眼里充满了惶恐、胆怯和绝望，那是一种非常熟悉的眼神，刹那间，艾德蒙先生想起了往事……愤怒的表情顿时被微笑所代替，他问道："你是丹尼斯先生的外甥琼吗？我是他的管家。前两天，丹尼斯先生说你要来，没想到来得这么快！"

那个少年先是一愣，但很快就回应说："我舅舅出门了吗？我想先出去转转，待会儿再回来。"艾德蒙先生点点头，然后问那位正准备将小提琴放下的少年："你也喜欢拉小提琴吗？""是的，但拉得不好。"少年回答。

"那为什么不拿着琴去练习一下？我想丹尼斯先生一定很高兴听到你的琴声。"他语气平缓地说。少年疑惑地望了他一眼，还是拿起了小提琴。

临出客厅时，少年突然看见墙上挂着一张艾德蒙先生在歌德大剧院演出的巨幅彩照，身体猛然抖了一下，然后头也不回地跑远了。

艾德蒙先生确信那位少年已经明白是怎么回事，因为没有哪一位主人会用管家的照片来装饰客厅。

那天黄昏，回到家的艾德蒙太太察觉到异常，忍不住问道："亲爱的，你心爱的小提琴坏了吗？"

"哦，没有，我把它送人了。"艾德蒙先生缓缓地说道。

"送人？怎么可能！你把它当成了你生命中不可缺少的一部分。"艾德蒙太太有些不相信。

"亲爱的，你说的话没错。但如果它能够拯救一个迷途的灵魂，我情愿这样做。"见妻子并不明白他说的话，他就将经过告诉了她，然后问道："你觉得这么做有什么不对吗？""你是对的，希望你的行为真的能对这个孩子有所帮助。"妻子说。

三年后，在一次音乐大赛中，艾德蒙先生应邀担任决赛评委。最后，一位叫里奇的小提琴选手凭借雄厚的实力夺得了第一名。颁奖大会结束后，里奇拿着一只小提琴匣子跑到艾德蒙先生的面前，脸色绯红地问："艾德蒙先生，您还认识我吗？"艾德蒙先生摇摇头。"您曾经送过我一把小提琴，我珍藏着，一直到了今天！"里奇热泪盈眶地说，"那时候，几乎每一个人都把我当成垃圾，我也以为自己彻底完了，但是您让我在贫穷和苦难中重新拾起了自尊，心中再次燃起了改变逆境的熊熊烈火！今天，我可以无愧地将这把小提琴还给您了……"

里奇含泪打开琴匣，艾德蒙先生一眼瞥见自己那把心爱的小提琴正静静地躺在里面。他走上前紧紧地搂住了里奇，三年前的那一幕顿时重现在艾德蒙先生的眼前，原来他就是"丹尼斯先生的外甥琼"！艾德蒙先生眼睛湿润了，少年没有让他失望。

因为宽容，艾德蒙先生成就了一个音乐奇才。可是，生活中，人们很少有人能够谅解自己的朋友，他们会嫉妒，会斤斤计较，会猜忌，所以不管是怎样的人在他们的身边，他们都会觉得很痛苦。抛开挑剔与苛责的想法吧，对别人宽容一些，你就能放下心中的包袱，感受到与人和平相处的快乐。

博大的心量可以稀释一切痛苦烦忧

从前有座山，山里有座庙，庙里有个年轻的小和尚，他过得很不快乐，整天为了一些鸡毛蒜皮的小事唉声叹气。后来，他对师傅说："师傅啊！我总是烦恼，爱生气，请您开导开导我吧！"

老和尚说："你先去集市买一袋盐。"

小和尚买回来后，老和尚吩咐道："你抓一把盐放入一杯水中，待盐溶化后，喝上一口。"小和尚喝完后，老和尚问："味道如何？"

小和尚皱着眉头答道："又咸又苦。"

然后，老和尚又带着小和尚来到湖边，吩咐道："你把剩下的盐撒进湖里，再尝尝湖水。"弟子撒完盐，弯腰捧起湖水尝了尝，老和尚问道："什么味道？"

"纯净甜美。"小和尚答道。

"尝到咸味了吗？"老和尚又问。

"没有。"小和尚答道。

老和尚点了点头，微笑着对小和尚说道："生命中的痛苦就像盐的咸味，我们所能感受和体验的程度，取决于我们将它放在多大的容器里。"小和尚若有所悟。

老和尚所说的容器，其实就是我们的心量，它的"容量"决定了痛苦的浓淡，心量越大烦恼越轻，心量越小烦恼越重。心量小的人，容不得，忍不得，受不得，装不下大格局。有成就的人，往往也是心量宽广的人，看那些"心包太虚，量周沙界"的古圣大德，都为人类留下了丰富而宝贵的物质财富和精神财富。

其实，我们每个人一生中总会遇到许多盐粒似的痛苦，它们在苍白的心空下泛着清冷的白光，如果你的容器有限，就和不快乐的小和尚一样，只能尝到又咸又苦的盐水。

一个人的心量有多大，他的成就就有多大，不为一己之利去争、去斗、去夺，扫除报复之心和嫉妒之念，则心胸广阔天地宽。当你能把虚空宇宙都包容在心中时，你的心量自然就能如同天空一样广大。无论荣辱悲喜、成败冷暖，只要心量放大，自然能做到风雨不惊。

寒山曾问拾得："世间有人谤我、欺我、辱我、笑我、轻我、贱我、骗我，如何处之?"拾得答道："只要忍他、让他、避他、由他、耐他、敬他、不理他，再过几年，你且看他。"如果说生命中的痛苦是无法自控的，那么我们唯有拓宽自己的心量，才能获得人生的愉悦。通过内心的调整去适应、去承受必须经历的苦难，从苦涩中体味心量是否足够宽广，从忍耐中感悟暗夜中的成长。

心量是一个可开合的容器，当我们只顾自己的私欲，它就会越缩越小；当我们能站在别人的立场上考虑，它又会渐渐舒展开来。若事事斤斤计较，便把自心局限在一个很小的框框里。这种处世心态，既轻薄了自身的能力，又轻薄了自己的品格。

心量是大还是小，在于自己愿不愿意敞开。一念之差，心的格局便不一样，它可以大如宇宙，也可以小如微尘。我们的心，要和海一样，任何大江小溪都要容纳；要和云一样，任何天涯海角都愿遨游；要和山一样，任何飞禽走兽，都不排斥；要和路一样，任何脚印车轨都能承担。这样，我们才不会因一些小事而心绪不宁、烦躁苦闷！

与人争辩，你永远不会真赢

与别人看法和意见不一致，就去跟别人争辩？这样的想法是错的。因为在你争辩的过程当中，势必会想办法证明自己是对的，别人是错的。

通常情况下，没有人愿意听到别人对于自己的批评和指正，所以即使我们说的是对的，他也未必能够听进去。再者，争论的过程中，每一方都以对方为"敌"，试图以一己的观念强加于别人而根本不把对方的意见放在眼里，最终一定会伤害彼此之间的情感，引发很多不必要的误解。

美国耶鲁大学的两位教授曾经做过一项实验。他们耗费了 7 年的时间，调查了种种争论的实态。例如，店员之间的争执，夫妇间的吵架，售货员与顾客间的斗嘴等，甚至还调查了联合国的讨论会。结果，他们证明了凡是去攻击对方的人，绝对无法在争论方面获胜。

当别人在和你谈话时，他根本没有准备请你说教，若你自作聪明，拿出更高超的见解，对方绝不会乐意接受。所以，你不可随便摆出要教导别人的姿态。你的同事向你提出一个意见时，你若不能赞同，最低限度要表示可以考虑，但不可马上反驳。要是你的朋友和你谈天，你更要注意，太多的执拗会把一切有趣的生活变得乏味。遇上别人真的错了，又不肯接受批评或劝告时，别急于求成，往后退一步，把时间延长些，隔一天或两个星期再谈吧！否则大家都固执，就不仅没有进展，反而互相伤害感情，造成隔阂了。

许多人因为喜欢表示不同意见而得罪了同事，所以常常有人认为不要轻易表示出不同意见。这种看法是很片面的。只要你的办法是正确的，向别人表示自己的不同意见，不但不会得罪人，而且有时还会大受欢迎，使人有"听君一席话，胜读十年书"之感。

那么怎样才能有效避免争论呢？大致可以从以下几方面做起：

1. 欢迎不同的意见

当你与别人的意见始终不能统一的时候，这时就要求舍弃其中之一。人的脑力是有限的，有些方面不可能完全想到，因而别人的意见是从另外一个人的角度提出的，总有些可取之处，或者比自己的更好。这时你就应该冷静地思考，或两者互补，或择其善者。如果采取的是别人的意见，就应该衷心感谢对方，因为有可能此意见使你避开了一个重大的错误，甚至奠定了你一生成功的基础。

2. 不要相信直觉

每个人都不愿意听到与自己不同的声音。当别人提出与你不同的意见时，你的第一个反应是要自卫，为自己的意见进行辩护并竭力地去找根据，这完全没有必要。这时你要平心静气地、公平、谨慎地对待两种观点（包括你自己的），并时刻提防你的直觉（自卫意识）对你作出正确抉择的影响。值得一提的是，有的人脾气不好，听不得反对意见，一听见就会暴躁起来。这时就应控制自己的脾气，让别人陈述观点，不然，就未免气量太窄了。

3. 耐心把话听完

每次对方提出一个不同的观点，不能只听一点就开始发作了，要让别人有说话的机会。一是尊重对方，二是让自己更多地了解对方的观点，以判断此观点是否可取，努力建立了解的桥梁，使双方都完全知道对方的意思，不要弄巧成拙。否则的话，只会增加彼此沟通的障碍和困难，加深双方的误解。

4. 仔细考虑反对者的意见

在听完对方的话后，首先想的就是去找你同意的意见，看是否有相同之处。如果对方提出的观点是正确的，则应放弃自己的观点，而考虑采取他们的意见。一味地坚持己见，只会使自己处于尴尬境地。

5. 真诚对待他人

如果对方的观点是正确的，就应该积极地采纳，并主动指出自己观点的不足和错误的地方。这样做，有助于解除反对者的武装，减少他们的防卫，同时也缓和了气氛。

第七章

激活内心的活力之源

你的心灵是一块特别的磁石，能把类似的事物吸引过来。乐观的心灵能将好东西带给你：充满活力的健康身体、愉快积极的感情和幸福美满的生活。悲观的心灵是一块更强的磁石，它把消极事物一股脑地吸引到你那里。

内心足够强大，生命就会屹立不倒

在每个人的生命中，每一年都会发生各种各样的事情，或大喜或大悲，无论如何，这些事情就像我们生命中的坐标一样，它们或深或浅或明媚或黯淡的色调，构成了我们的人生画卷。

尽管在人生的岁月里，起伏不定常常带给人们不安全感。所以，人们常常抱怨磨难，抱怨那些让我们的生活变得艰苦的事情，抱怨那些让我们的内心承受煎熬的经历。可是，人们在抱怨的时候并没有想到，这些磨难就像烈火，我们只有在经过锤炼之后，才会变得更加坚韧、更加刚强。

德国有一位名叫班纳德的人，在风风雨雨的50年间，他遭受了200多次磨难的洗礼，成为世界上最倒霉的人，但这些也使他成为世界上最坚强的人。

他出生后14个月，摔伤了后背；之后又从楼梯上掉下来，摔残了一只脚；再后来爬树时又摔伤了四肢；一次骑车时，忽然不知从何处刮来一阵大风，把他吹了个人仰车翻，膝盖又受了重伤；13岁时掉进了下水道，差点儿窒息；一次，一辆汽车失控，把他的头撞了一个大洞，血如泉涌；又有一辆垃圾车，倒垃圾时将他埋在了下面；还有一次他在理发屋中坐着，突然一辆飞驰的汽车驶了进来……

他一生遭遇无数灾祸，在最为晦气的一年中，竟遇到了17次意外。

令人惊奇的是，老人至今仍旧健康地活着，心中充满着自信。他历经了200多次磨难的洗礼，还怕什么呢？

人生不可能一帆风顺，一旦困境出现，首先被摧毁的就是失去意志力和行动能力的温室花朵。经常接受磨炼的人才能创造出崭新的天地，这就是所谓的"置之死地而后生"。

"自古雄才多磨难，从来纨绔少伟男"，人们最出色的成绩往往是在挫折中做出的。我们要有一个辩证的挫折观，经常保持充足的信心和乐观的态度。挫折和磨难使我们变得聪明和成熟，正是不断从失败中汲取经验，我们才能获得最终的成功。我们要悦纳自己和他人，要能容忍不利的因素，学会自我宽慰，情绪乐观、满怀信心地去争取成功。

如果能在磨难中坚持下去，磨难实在是人生不可多得的一笔财富。有人说，不要做在树林中安睡的鸟儿，要做在雷鸣般的瀑布边也能安睡的鸟儿，就是这个道理。磨难并不可怕，只要我们学会去适应，那么磨难带来的逆境，反而会让我们拥有进取的精神和百折不挠的毅力。

我们在埋怨自己生活多磨难的同时，不妨想想这位老人的人生经历，或许还有更多多灾多难的人们，与他们相比，我们的困难和挫折算什么呢？只要我们内心足够自信与强大，生命就能屹立不倒。

习惯抱怨生活太苦、运气太差的人，是不是也能说一句这样的豪言壮语："我已经经历了那么多的磨难，眼下的这一点痛又算得了什么?!"

只要相信自己，就没有什么外在因素可以伤害或摧毁你，至于受老板的责骂、受客户的折磨、被别人批评之类的小事，你还会在乎吗？

愉悦自己，才是真正地爱自己

在遭遇困苦时，乐观的人总会努力想办法让自己快乐起来，让精神的伤痛远离自己。愉悦自己，才是真正地爱自己。

由于经济破产和从小落下的残疾，人生对基尔来说已索然无味了。

在一个晴朗的日子，基尔找到了牧师。牧师耐心听完了基尔的倾诉，对基尔说："让我给你看样东西。"他向窗外指去。那是一排高大的枫树，在枫树间悬吊着一些陈旧的粗绳索。他说："60年以前，这儿的庄园主种下这些树，他在树间牵拉了许多粗绳索。对于嫩弱的幼树，这太残酷了，因为创伤是终生的。有些树面对残忍现实，能与命运抗争，而另一些树消极地诅咒命运，结果就完全不同了。眼前这棵粗壮的枫树看不出什么疤痕，所看到的是绳索穿过树干——几乎像钻了一个洞似的，真是一个奇迹。"

"关于这些树，我想过许多。"他说，"只有体内强大的生命力才可能战胜像绳索带来的那样终生的创伤，而不是自己毁掉这宝贵的生命。对于人，有很多解忧的方法。在痛苦的时候，找个朋友倾诉，找些活干。对待不幸，要有一个清醒而客观的全面认识，尽量抛掉那些怨恨、妒忌等情感负担。有一点也许是最重要的，也是最困难的：你应尽一切努力愉悦自己，真正地爱自己。"

能否越过障碍、突破挫折困苦，乐观的人总有他自己的方法。

（1）转移不良的情绪。碰到不顺心的事情或在家中与亲属发生争吵，不妨暂时离开一下现场，换个环境，或者同别人去侃大山，或者参加一些文体活动，娱乐娱乐。总之，把注意力转移到别的方面去。只有把原来的不良情绪冲淡以至赶走，才能重新恢复心情的平静和稳定。

（2）憧憬美好未来。只有经常憧憬美好的未来，才能始终保持奋发进取的精神状态。不管命运把自己抛向何方，都应该泰然处之。不管现实如何残酷，都应该始终相信困难即将克服，曙光就在前头，相信未来会更加美好。

（3）思苦忆甜。在人生的旅途中，有时荆棘丛生，有时铺满鲜花，有时忧心如焚，有时其乐融融，对此应进行精心的筛选，不能让那些悲哀、凄凉、恐惧、忧虑、彷徨的心境困扰着我们。对那些幸福、美好、快乐的往事要常常回忆，以便在心中泛起层层涟漪，激发人们去开拓未来，而对那些不愉快的事情、诸多的烦恼则尽量要从头脑中抹掉，切不可让阴影笼罩心头，而失去前进的动力。

（4）积极地自我暗示。例如对着镜子对自己说："我是最棒的！""我一定会成功！"看喜剧电影、听欢快的歌，做自己喜欢的事等。

（5）宽待自己。学会宽待自己是一件非常重要的事情。学会宽待自己就要允许自己犯错误，"金无足赤，人无完人"，谁能一辈子不犯错误？在总结教训之余，要安慰自己，即使是由于自身的原因导致的错误不要对自己责备太严，要学会宽待自己，经常对自己说：过去的就让它过去吧，一切从头开始。只有这样才能形成正确的心态，才能够乐观地生活下去。

心中有灯，就能驱散黑暗

真正的智者，总是站在有光的地方。太阳很亮的时候，生命就在阳光下奔跑。当太阳熄灭，还会有那一轮高挂的明月。当月亮熄灭了，还有满天闪烁的星星，如果星星也熄灭了，那就为自己点一盏心灯吧。无论何时，只要心灯不灭，就有成功的希望。

紫霄未满月就被白发苍苍的奶奶抱回家。奶奶含辛茹苦把她养到小学毕业，狠心的父母才从外地返家。父母重男轻女，对女儿非常刻薄。她生病时，父母会变本加厉地迫害她，母亲说："我看你就来气，你给我滚，又有河又有老鼠药又有绳子，有志气你就去死。"还残忍地塞给她一瓶"安定"。13岁的小姑娘没有哭，在她幼小的心灵里，萌生了强烈的愿望——她一定要活下去，并且还要活出一个人样来！

被母亲赶出家门，好心的奶奶用两条万字糕和一把眼泪，把她送到一片净土——尼姑庵。紫霄满怀感激地送别奶奶后，心里波翻浪涌，难道我的生命就只能耗在这没有生气的尼姑庵吗？在尼姑庵，法名"静月"的紫霄得了胃病，但她从不叫痛，甚至在她不愿去化缘而被老尼姑惩罚时，她也不皱眉不哭。但是叛逆的个性正在潜滋暗长。在一个淅淅沥沥的清晨，她揣上奶奶用鸡蛋换来的干粮和卖棺材得来的路费，踏上了西去的列车。几天后，她到了新疆，见到了久违的表哥和姑妈。在新疆，她重返课堂，度过了幸福的半年时光。在姑妈的建议下，她回安徽老家办户口迁移手续。回到老家，她发现再也回不了新疆了，父母要她顶替父亲去厂里上班。

她拿起了电焊枪，那年她才15岁。她没有向命运低头，因为她的心中还有梦。紫霄业余苦读，通过了《写作》《现代汉语》和《文学概论》自学考试。第二年参加高考，她考取了安徽省中医学院。然而她知道因为家庭的原因自己无法实现自己的梦想，大学经常成为她夜梦的主题。

1988年年底，紫霄的第一篇习作被《巢湖报》采用，她看到了生命的一线曙光，她要用缪斯的笔来拯救自己。多少个不眠之夜，她用稚拙的笔饱蘸浓情，抒写自己的苦难与不幸，倾诉自己的顽强与奋争。多篇作品飞了出去，耕耘换来了收获，那些心血凝聚的稿件多数被采用，还获了各种奖项。1989年，她抱着自己的作品叩开了安徽省作协的门，成了其中的一员。

文学是神圣的，写作是清贫的。紫霄毅然放弃了从父亲手里接过的"铁饭碗"，开始了艰难的求学生涯。因为她知道，仅凭自己现在的底子，远远不能成大器。她到了北京，在鲁迅文学院进修。为生计所迫，生性腼腆的她当起了报童。骄阳似火，地面晒得冒烟，紫霄姑娘挥汗如雨，怯生生地叫卖。天有不测风云，在一次过街时，飞驰而过的自行车把她撞倒了。看着肿起馒头大小的脚踝，紫霄的第一反应是这报卖不成了。她没有丧失信心，用几天卖报赚来的微薄的钱补足了欠交的学费，只休息了几天，又一次开始了半工半的生活。命运之神垂怜她，让她结识了莫言、肖亦农、刘震云、宏甲等作家，有幸亲聆教诲，她感到莫大的满足。

为了节省开支，紫霄住在某空军招待所的一间堆放杂物的仓库里。晚上，这里就成了她的"工作室"，她的灯常常亮到黎明。礼拜天，她包揽了招待所上百床被褥的浆洗活，有一次她累昏在水池旁，幸遇两位女战士把她背回去，灌了两碗姜汤，她苏醒过后一会儿，便接着去洗。她的脸上和手上有了和她年龄不相称的粗糙和裂口。

紫霄后来的经历就要"顺利"得多。随文怀沙先生攻读古文、从军、写作、采访、成名，这一切似乎顺理成章，然而这一切又不平凡。她是一个坚强的女子，是一个不向困难俯首称臣的不屈的奇女子。她把困难视作生命的必修课，而她得了满分。

"一个人最大的危险是迷失自己，特别是在苦难接踵而至的时候……命运的天空被涂上一层阴霾的乌云，她始终高昂那颗不愿低下的头。因为她胸中有灯，它点燃了所有的黑暗。"一篇采访紫霄的专访在题词中写了这样的话，在主人公心中，那盏灯就是自己永远也未曾放弃过的希望。

将不计功利的快乐融进生命

　　每个人活在这个世界上，都有自己不同的位置，每个位置都有不同的生活，每种生活都有不同的快乐。就像龙王和青蛙的寓言故事，每个人都有自己的满足与快乐，假如可以不计得失地生活，就不会被角色所制约。

　　有一天龙王与青蛙在海滨相遇，打过招呼后，青蛙问龙王："大王，你的住处是什么样的？""珍珠砌筑的宫殿，贝壳筑成的阙楼，屋檐华丽而有气派，厅柱坚实而又漂亮。"龙王反问了一句："你呢？你的住处如何？"青蛙说："我的住处绿藓似毡，娇草如茵，清泉潺潺。"

　　接着，青蛙又向龙王提了一个问题："大王，你高兴时如何？发怒时又怎样？"龙王说："我若高兴，就普降甘露，让大地滋润，使五谷丰登；若发怒，则先吹风暴，再发霹雳，继而打闪放电，叫千里以内寸草不留。那么，你呢？青蛙！"青蛙说："我高兴时，就面对清风朗月，呱呱叫上一通；发怒时，先瞪眼睛，再鼓肚皮，最后气消肚瘪，万事了结。"

　　我们活在世上，总有一天也要进入社会，扮演一定的社会角色，或者是"龙王"，或者是"青蛙"。龙王有龙王的活法，青蛙有青蛙的活法，不用一味地羡慕别人。青蛙们和龙王们都各有各的快乐，也各有各的痛楚。只要生活得简单，有乐趣，觉得满足，就是美好的生活了。

　　在我们进入社会后，我们被很多名誉、利益和角色束缚，可以做龙王的只能做青蛙，只能做青蛙的偏偏成了龙王。但是这一切，没有人可以帮助我们，除了我们自己解救自己。当我们释放了自己的愤懑、不满，放下计较、得失与纠缠，就会发现做龙王和做青蛙其实没什么大的区别，只要能够一切都顺其自然，安心做好自己，那么芸芸众生也就各复其根了。在这样的时候，我们看世界的眼光不再挑剔，我们面对世界的态度不再矫情，生命就随着自自然然的状态开放、凋谢，然后等待下一个春天。

人来到这个世界后，一开始无忧无虑，因为需求的东西少，负担少，所以得到的快乐也就多。随着自己想要得到的东西不断地增加，要求不断地提高，各种各样的负担和烦恼也由此而生，除了苦苦追寻要得到的一切之外，再也没有时间去想自己是不是过得快乐。到了最后，终于明白了这个问题，但生命的脚步越走越远。

唐代诗人王维的《辛夷坞》中说："木末芙蓉花，山中发红萼，涧户寂无人，纷纷开自落。"那山中的芙蓉花并不因生在深山而黯然失色，春来秋去，它依然绽放自己生命的美丽，灿烂地活在世上，体验生命的大快乐。所以，于丹说，人生一大乐事就是，任情挥洒，无往不至。

庄子在《内篇·逍遥游》中说："朝菌不知晦朔，蟪蛄不知春秋，此小年也。"意思是说：树根上的小蘑菇寿命不到一个月，因此它不理解一个月的时间是多长；蝉的寿命很短，生于夏天，死于秋末，它们不知道一年当中有春天和秋天。它们的生命都是短暂的，一般人觉得它们可怜。然而，这只是人类眼中的人世，如果天地间有一个巨人，它拥有五百岁的寿命，那么它看人就如人看蝉一样，觉得可悲可怜。所以，生命的长短想来总是有界限的，唯一没有界限的便是在这短暂的人生里，我们可以融进无穷的快乐。

世间人，有一种情怀是不问结果的，这也是对生命自信的一种挥洒。人在社会中需要经受各种的考验和煎熬，心慢慢变冷，像一颗坚硬的蛋。可假如经历过尘世风雨的洗礼，依然能够用阳光一样的微笑来面对世界，这样的心态才是最可宝贵的快乐与真情。

内心呼唤什么，就会得到什么

只要我们留心发现，如果有人对你说："当然是这样了""我一定会完成得很好""难道你不相信我吗"等措辞，你就会发现，这些人所进行的事情，都进展得十分顺利。

我们的内心有着很强大的力量，如果我们一直对生活寄托很多美好的期许，那么即使是在厄运当中，我们的命运也会很快得到扭转。

大学期间，戴尔经常听到同学们谈论想买电脑，但由于售价太高，许多人买不起。戴尔心想："经销商的经营成本并不高，为什么要让他们赚那么丰厚的利润？为什么不由制造商直接卖给用户呢？"戴尔知道，万国商用机器公司规定，经销商每月必须提取一定数额的个人电脑，而多数经销商都无法把货全部卖掉。他也知道，如果存货积压太多，经销商会损失很大。于是，他按成本价购得经销商的存货，然后在宿舍里加装配件，改进性能。这些经过改良的电脑十分受欢迎。戴尔见到市场的需求巨大，于是在当地刊登广告，以零售价的八五折推出他那些改装过的电脑。不久，许多商业机构、医生诊所和律师事务所都成了他的顾客。由于戴尔一边上学一边创业，父母一直担心他的学习成绩会受到影响。父亲劝他说："如果你想创业，等你获得学位之后再说吧。"

可是戴尔觉得如果听父亲的话，就是在放弃一个一生难遇的机会。于是，便坦白地告诉父母："我决定退学，自己开公司。""你的梦想到底是什么？"父亲问道，"和万国商用机器公司竞争。"戴尔说。和万国商用机器公司竞争？他父母大吃一惊，觉得他太不自量了。但无论他们怎样劝说，戴尔始终不放弃自己的梦想。最终，他和父母达成了协议：他可以在暑假试办一家电脑公司，如果办得不成功，到9月就要回学校去读书。得到父母的允许后，戴尔拿出全部积蓄创办戴尔电脑公司，当时他19岁。

他以每月续约一次的方式租了一个只有一间房的办事处，雇用了一名28岁的经理，负责处理财务和行政工作。在广告方面，他在一只空盒子底上画了戴尔电脑公司第一张广告的草图。朋友按草图重绘后拿到报馆去刊登。戴尔仍然专门直销经他改装的万国商用机器公司的个人电脑。第一个月营业额便达到18万美元，第二个月265万美元，仅仅一年，便每月售出个人电脑1000台。积极推行直销、按客户要求装配电脑、提供退货还钱以及对失灵电脑"保证翌日登门修理"的服务举措，为戴尔公司赢得了广阔的市场。大学毕业的时候，迈克尔·戴尔的公司每年营业额已达7000万美元。以后，戴尔停止出售改装电脑，转为自行设计、生产和销售自己的电脑。如今，戴尔电脑公司在全球16个国家设有附属公司，每年收入超过20亿美元，有雇员约5500名。戴尔个人的财产，估计在2.5亿到3亿美元之间。假如戴尔不是忠于梦想，并且基于梦想坚决行动的话，显然他是不可能成为当今世界最年轻的富豪的。

内心呼唤什么就能得到什么。我们都可以按照自己的渴望设计人生。如果你始终觉得自己的生活过于悲惨，你渴望构建一个属于自己的人间天堂，那么你每天都告诉自己"我离天堂很近"，很快你就会觉得自己真的置身于幸福的天堂了。

我们读着弥尔顿的那句话：境由心生，就会产生很大的感触，原来心中有天堂，我们就生活在天堂里，心中有地狱，我们就会在地狱中挣扎。我们的生活总是跟着内心变化的，内心期许什么，我们就能做成什么。既然是这样，我们为什么不往好的方面想，让那些不快乐的事情远离我们的生活，给自己一个纯净而又快乐的时空呢？

悲观是自酿的苦酒

悲观会给我们的人生带来很多负面的影响，女作家张爱玲就是一个很好的例子。张爱玲一生聚集了一大堆矛盾，她是一个善于将艺术生活化、生活艺术化的享乐主义者，又是一个对生活充满悲剧感的人；她是名门之后、贵族小姐，却宣称自己是一个自食其力的小市民；她悲天悯人，时时洞见芸芸众生"可笑"背后的"可怜"，但在实际生活中却显得冷漠寡情；她在 40 年代的上海大红大紫，几十年后，她在美国又深居简出，过着与世隔绝的生活。所以有人说："只有张爱玲才可以同时承受灿烂夺目的喧闹与极度的孤寂。"

这种生活态度的确不是普通人能够承受或者是理解的，但用现代心理学的眼光看，其实张爱玲的这种生活态度源于她始终抱着一种悲观的心态活在人间，这种悲观的心态让她无法真正地融入生活，因此她总在两种生活状态里不停地左右徘徊。

张爱玲悲观苍凉的色调，深深地沉积在她的作品中，使其作品产生了巨大而独特的艺术魅力。但无论作家用怎样流利俊俏的文字，写出怎样可笑或传奇的故事，终不免露出悲音。那种渗透着个人身世之感的悲剧意识，使她能与时代生活中的悲剧氛围相通，从而在更广阔的历史背景上臻于深广。

张爱玲所拥有的深刻的悲剧意识，并没有把她引向西方现代派文学那种对人生彻底绝望的境界。个人气质和文化底蕴最终决定了她只能回到传统文化的意境，且不免自伤自恋，因此在生活中，她时而在世俗的喧嚣中沉浸，时而又陷入极度的寂寞中，最后孤老死去。

张爱玲的悲剧人生让我们看到了悲观对一个人的戕害是多么惨重。现实生活中，不止文豪有这样的悲观情绪，平常的人也会经历这样的心情。

有一位年老的父亲，他有两个儿子，他们都很可爱。在圣诞节来临前，父亲分别送给他们完全不同的礼物，在夜里悄悄把这些礼物挂在圣诞树上。第二天早晨，哥哥和弟弟都早早起来，想看看圣诞老人给自己的是什么礼物。哥哥的圣诞树上礼物很多，有一把气枪，有一辆崭新的自行车，还有一个足球。哥哥把自己的礼物一件一件地取下来，却并不高兴，反而忧心忡忡。

父亲问他："是礼物不好吗？"哥哥拿起气枪说："看吧，这支气枪我如果拿出去玩，没准会把邻居的窗户打碎，那样一定会招来一顿责骂。还有，这辆自行车，我骑出去倒是高兴，但说不定会撞到树干上，会把自己摔伤。而这个足球，我总是会把它踢爆的。"父亲听了没有说话。

弟弟的圣诞树上除了一个纸包外，什么也没有。他把纸包打开后，不禁哈哈大笑起来，一边笑，一边在屋子里到处找。父亲问他："为什么这样高兴？"他说："我的圣诞礼物是一包马粪，这说明肯定会有一匹小马驹就在我们家里。"最后，他果然在屋后找到了一匹小马驹。父亲也跟着他笑起来："真是一个快乐的圣诞节啊！"

其实，在工作和生活中，很多事情也是这样，乐观情绪总会带来快乐明亮的结果，悲观的心理则会使一切变得灰暗。受苦的人，没有悲观的权利；失火时，没有怕黑的权利；战场上，只有不怕死的战士才能取得胜利；也只有受苦而不悲观的人，才能克服困难，脱离困境。

我们不仅要知道在快乐的时候微笑，更要学会在面对困难的时候微笑，因为只有这样，你才能在挫折面前，精神不倒；只有这样，你才能告别悲伤的凄凉，迎接生活的春日暖阳。

幸福在于失意时的忘却

有人这样问："爱情没有了，回忆起来甜蜜多一点还是痛苦多一点？"我们常常会遇到这样的问题，很多人觉得失去了当然是痛苦大于幸福，想起分手时刻的那些伤害，想起痛苦地流泪都会让人心中作痛。而有一个人却说："分手了，我记得最多的还是甜蜜，因为我忘记了那个人和那些痛苦，留在记忆里最多的还是曾经有一份很美的爱情。"的确，很多时候，我们伤心，痛苦的时候，最多的还是因为我们无法忘记，无法忘记那些伤痛和失意，那些记忆犹如明镜一般被我们悬挂起来，每天都在看，每时都在想，这样的话我们又怎能快乐呢？所以，在失意的时候，人当学会忘记，忘记那些不快，才能够真正的快乐，才能开始生活新的一页。

生于尘世，每个人都不可避免地要经历苦雨凄风，面对艰难困苦，想开了就是天堂，想不开就是地狱。而忘记就是一服良药，愈合你的伤口，怀着新的希望上路。

人的一生，就像一趟旅行，沿途中有数不尽的坎坷泥泞，但也有看不完的春花秋月。如果我们的一颗心总是被灰暗的风尘所覆盖，干涸了心泉、暗淡了目光、失去了生机、丧失了斗志，我们的人生轨迹岂能美好？而如果我们能保持一种健康向上的心态，即使我们身处逆境、四面楚歌，也一定会有"山重水复疑无路，柳暗花明又一村"的那一天。

悲观失望者一时的呻吟与哀叹虽然能得到短暂的同情与怜悯，但最终的结果必然是别人的鄙夷与厌烦；而乐观上进的人，经过长期的忍耐与奋斗，最终赢得的将不仅仅是鲜花与掌声，还有那饱含敬意的目光。

虽然，每个人的人生际遇不尽相同，但命运对每一个人都是公平的。因为窗外有土也有星，就看你能不能磨砺一颗坚强的心、一双智慧的眼，透过岁月的尘寻觅到辉煌灿烂的星星。只不过你永远忘不掉曾经的荆棘，所以你总畏惧前行。

很多人在失意的时候学会了抱怨，学会了沉沦。忘不掉别人给予的伤痛，莫过于拿别人的错误来惩罚自己。就如失恋，不是因为你自己不够优秀，也不是因为你自己倒霉，而是你在错误的时间遇到了不适合的人，分开很正常，因为你需要腾出时间和位置去给那个适合的人，但是在你沉沦的那一刻起，你的记忆力装满的都是曾经的伤，又怎能给新的那个人空间呢？所以一个塞满了旧的回忆的大脑，永远无法让新鲜的东西容进来。

在生活中，有很多的无奈要我们去面对，有很多的道路需要我们去选择。忘记一些原本不应该属于自己的，去把握和珍惜真正属于自己的，去追寻前方更加美好的！忘记一些烦琐，为大脑减负，忘记那些怅惘，为了轻快地歌唱；忘记一段凄美，为了轻柔地梦想。忘记，是一种伤感，但更是一种美丽。

看淡得失，也就减少了痛苦

人生之中，难免会经历这样或那样的波折。面对生活中的痛苦，如果一味地沉浸在对命运的抱怨中，那么我们看到的只能是漫无边际的悲观和失望，可是如果保持一颗豁达的心，即使是在人生的风雪里，也只会当成一种风景来观赏。

曼德拉因为领导反对白人种族隔离的政策而入狱，白人统治者把他关在荒凉的大西洋小岛罗本岛上 27 年。当时曼德拉年事已高，但白人统治者依然像对待年轻犯人一样对他进行残酷的虐待。

罗本岛上布满岩石，到处是海豹、蛇和其他动物。曼德拉被关在总集中营一个"锌皮房"，白天打石头，将采石场的大石块碎成石料。他有时要下到冰冷的海水里捞海带，有时干采石灰的活儿——每天早晨排队到采石场，然后被解开脚镣，在一个很大的石灰石场里，用尖镐和铁锹挖石灰石。因为曼德拉是要犯，看管他的看守就有 3 人。他们对他并不友好，总是寻找各种理由虐待他。

谁也没有想到，1991 年曼德拉出狱当选总统以后，他在就职典礼上的一个举动震惊了整个世界。

总统就职仪式开始后，曼德拉起身致辞，欢迎来宾。他依次介绍了来自世界各国的政要，然后他说，能接待这么多尊贵的客人，他深感荣幸，但他最高兴的是，当初在罗本岛监狱看守他的 3 名狱警也能到场。随即他邀请他们起身，并把他们介绍给大家。

曼德拉的博大胸襟和宽容精神，令那些残酷虐待了他 27 年的白人汗颜，也让所有到场的人肃然起敬。看着年迈的曼德拉缓缓站起，恭敬地向 3 个曾关押他的看守致敬，在场的所有来宾以至整个世界，都静下来了。

后来，曼德拉向朋友们解释说，自己年轻时性子很急，脾气暴躁，正是狱中生活使他学会了控制情绪，因此才活了下来。牢狱岁月给了他时间与激励，也使他学会了如何处理自己遭遇的痛苦。他说，感恩与宽容常常源自痛苦与磨难，必须通过极强的毅力来训练。

获释当天，他的心情平静："当我迈过通往自由的监狱大门时，我已经清楚，自己若不能把悲痛与怨恨留在身后，那么我其实仍在狱中。"

没错，面对生活中的磨难，如果不能以一颗豁达的心面对，那么我们只能一直生活在痛苦当中。在生活中，很多人都不能放下心中的痛苦，他们觉得是命运的薄待，让他们感受到了别人品尝不到的痛苦。所以，他们愤恨，他们抱怨，甚至于还会想到要报复。

可是，即便是我们把心中的痛苦都发泄给了另一个人，我们仍然没有办法减轻自己心中的痛苦，因为我们不曾放下。所以，与其让别人加入我们的痛苦，不如我们自己释怀，看淡得失，也就看淡了人生的风景。

第八章

鼓满人生的希望之帆

拿破仑·希尔曾经说过："抱着微小希望，只能产生微小的结果，这就是人生。"美好的人生始自你心里的想象，即你希望做什么事，成什么人。在你心里的远方，应该稳定地放置一幅自己的画像，然后向前移动并与之吻合。如果你替自己画一幅失败的画像，那么，你必将远离胜利；相反，替自己画一幅获胜的画像，你与成功即可不期而遇。

每个人都有未知的可能性

世界最伟大的成功学大师卡耐基曾说："多数人都拥有自己不了解的能力和机会，都有可能做到未曾梦想的事情。"生活中，许多人都以为自己能力有限，但是只要尽力而为，往往能做出骄人的成绩。其实，每个人身上都隐藏着无穷无尽的潜能，只要在恰当的时机来引爆，他就能做出令自己都无法想象的事情来。

小山真美子是生活在日本札幌的一位年轻妈妈，她身材矮小。一天，她在楼下晒衣服，忽然发现她4岁的儿子从8楼的家里掉了下来。见此情景，她飞奔过去，赶在孩子落地之前将孩子接在了怀里，两人仅受了一点轻伤。这条消息在《读卖新闻》发布后，引起了日本盛田俱乐部的一位法籍田径教练布雷默的兴趣。因为根据报纸上刊出的示意图，他算了一下，从20米外的地方接住从25.6米高处落下的物体，必须跑出约每秒9.65米的速度，而这是一个无人能及的短跑速度！

为此，布雷默专门找到小山真美子，问她那天是怎样跑得那么快的。"是对孩子的爱"，小山这样回答，"因为我不能看到他受到伤害！"

小山的回答给了布雷默一个重要的启示：人的潜力其实是没有极限的，只要你拥有一个足够强烈的动机！

布雷默回到法国后，专门成立了一家"小山田径俱乐部"，把小山的故事作为激励运动员突破自我极限的动力。结果他手下的一位名叫沃勒的运动员在世界田径锦标赛上获得了800米比赛的冠军。当记者问他是怎样在强手如林的比赛中夺冠时，沃勒回答说："是小山真美子的故事。因为当我在跑道上飞跑时，我就想象自己就是小山真美子，在飞奔去救我的孩子！"

小山真美子能创造短跑奇迹，靠的是她刹那间迸发出来的巨大潜力。沃勒800米比赛夺魁，靠的是对小山真美子救子的激励，从而引爆体内的潜能。

人的潜力是无穷的，有了刺激，才会往前跑、向上跳。有了机会，才知道自己的实力有发挥的空间。

生活中，很多人总是在想，这不可能的，我学历那么低，怎么敢应聘那家公司；我长得不够漂亮，他怎么会喜欢我；我表达能力不好，怎么敢在会议上发言；我五音不全，怎么好意思在大家面前唱歌……事实上，你虽然没有别人英俊潇洒，但你可能身强体壮；你虽然不会琴棋书画，但你可能思维敏捷、逻辑清晰……上帝不会给人全部，但他绝对不会亏待你，所以你一定要做自己的伯乐，发掘自己的潜能。

拿破仑·希尔曾经说过："抱着微小希望，只能产生微小的结果，这就是人生。"美好的人生始自你心里的想象，即你希望做什么事，成什么人。在你心里的远方，应该稳定地放置一幅自己的画像，然后向前移动并与之吻合。如果你替自己画一幅失败的画像，那么，你必将远离胜利；相反，替自己画一幅获胜的画像，你与成功即可不期而遇。

生命蕴藏着巨大的潜能，这种潜能无法估量。对自己的生命拥有热爱之情，对自己的潜能抱着肯定的想法，这样，生命就会爆发出前所未有的能量，创造令人惊奇的成绩。

先为自己设想一个好的结果

很多时候，我们做事情的动力来自于心理的暗示。如果心里想着，这是一件好事，一定会有一个好结果，那么我们在做事情的时候就会很开心，也会很有激情。可是如果在开始的时候就告诉自己，这是一件很糟糕的事情，即使是做了，也不会有什么好的事情发生，那么我们的信心将会受到打击，也会因为失望和难过而丧失了做事情的动力。所以我们做任何事之前，都要先预想一个好的结果，好结果很重要，有了好结果的鼓舞，你就会信心百倍，有这种积极心态的人，成功的可能性也很大。

然而，生活中很多人，在还没有做事前，就想到事情会失败，这种心态消极、负面思考的人，结果真的就难以成功。

一个人是否成功，关键是在于他的心态是否积极。成功者在做事前，就相信自己能够取得成功，结果真的成功了。这是人的意识和潜意识在起作用。

前世界拳击冠军乔·弗列勒每战必胜的秘诀是：参加比赛的前一天，总要在天花板上贴上自己的座右铭——"我能胜!"

一天晚上，在漆黑的偏僻公路上，一个年轻人的汽车轮胎爆了。

年轻人下来翻遍工具箱，也没有找到千斤顶，而没有千斤顶，是换不成轮胎的。怎么办？这条路半天都不会有一辆车经过，他远远望见一座亮灯的房子，决定去那个人家借千斤顶。在路上，年轻人不停地想：

要是没有人来开门怎么办？

要是没有千斤顶怎么办？

要是那家伙有千斤顶，却不肯借给我，那该怎么办？

……

顺着这种思路想下去，他越想越生气，当走到那间房子前敲开门，主人刚出来，他冲着人家劈头就是一句："他妈的，你那千斤顶有什么稀罕的！"

弄得主人丈二和尚摸不着头脑，认为是一个精神病人，"砰"的一声就把门关上了。

做事前，就认为自己会失败，自然难以成功了。

世界著名的走钢索的选手卡尔·华伦达曾说："在钢索上才是我真正的人生，其他都只是等待。"他总是以这种非常有信心的态度来走钢索，每一次都非常成功。

但是1978年，他在波多黎各表演时，从25米高的钢索上掉下来摔死了，令人不可思议。后来他的太太说出了原因。在表演前的3个月，华伦达开始怀疑自己"这次可能掉下来。"他时常问太太："万一掉下去怎么办？"他花了很多精力以避免掉下来，而不是在走钢索，结果失败了。

做任何事，不要在心里制造失败，我们都要想到成功，要想办法把"一定会失败"的意念排除掉。

一个人想着成功，就可能成功，想的尽是失败，就会失败。成功产生在那些有了成功意识的人身上，失败根源于那些不自觉地让自己产生失败的人身上。

要心存盼望地看待未来

对尚未到来的事情，不要总是表现出忐忑不安，而是要心存盼望地看待未来。因为有时候，命运会受控于我们的思想，如果自己希望发生好的事情，那么就可能发生好的事情，但是如果自己一直都在恐惧和不安中度过，那么很可能命运就会顺从你的意愿，给你安排更多的苦难和不幸。

1937 年她丈夫死了，她觉得非常颓丧，而且她几乎一文不名。她写信给她以前的老板李奥罗区先生，请他让她回去做她以前的工作。她以前靠推销世界百科全书过活。两年前她丈夫生病的时候，她把汽车卖了，现在她勉强凑足钱，分期付款才买了一部旧车，又开始出去卖书。

她原本想，再回去做事或许可以帮她解脱她的困境。可是要一个人驾车，一个人吃饭，这几乎令她无法忍受。有些区域简直就做不出什么成绩来，虽然分期付款买车的数目不大，她却很难付清。

1938 年的春天，她在密苏里州的维沙里市，见那儿的学校都很穷，路很坏，很难找到客户，她一个人又孤独又沮丧，有一次甚至想要自杀。她觉得成功是不可能的，活着也没有什么希望。每天早上她都很怕起床面对生活。她什么都怕，怕付不出分期付款的车钱，怕付不出房租，怕没有足够的东西吃，怕她的健康状况变糟而没有钱看医生。让她没有自杀的唯一理由是，她担心她的姐姐会因此而觉得很难过，而且她姐姐也没有足够的钱来支付自己的丧葬费用。

然而有一天，她读到一篇文章，使她从消沉中振作起来，使她有勇气继续活下去。她永远感激那篇文章里那一句很令人振奋的话："对一个聪明人来说，太阳每天都是新的。"她用打字机把这句话打下来，贴在她的车子前面的挡风玻璃上，这样，在她开车的时候，每一分钟都能看见这句话。她发现每次只活一天并不困难，她学会忘记过去，每天早上都对自己说："今天又是新的一天。"

她成功地克服了对孤寂的恐惧和对生存的恐惧。她现在很快活，也还算成功，并对生命保持着热忱和爱。她现在知道，不论在生活上碰到什么事情，都不要害怕；她现在知道，不必怕未来；她现在知道，每次只要活一天，而"对一个聪明人来说，太阳每天都是新的"。

在日常生活中可能会碰到令人兴奋的事情，也同样会碰到令人消极的、悲观的坏事，这本来是正常现象，如果我们的思维总是围着那些不如意的事情转动的话，就很容易失去前进的动力。因此，我们应尽量做到脑海想的、眼睛看的，以及口中说的都应该是光明的、乐观的、积极的，相信每天的太阳都是新的，明天又是新的一天，发扬往上看的精神才能使我们在事业中获得成功。

古希腊诗人荷马曾说过："过去的事已经过去，过去的事无法挽回。"泰戈尔在《飞鸟集》中也写道："只管走过去，不要逗留着去采了花朵来保存，因为一路上，花朵会继续开放的。"的确，昨日的阳光再美或者风雨再大，也移不到今日的画册，我们为何不好好把握现在，充满希望地面对未来呢？

传承真正的理想

生活中，大多数人都心怀理想，可是很多人都不曾实现自己的理想，是因为他们在追求理想的过程中，被困难和挫折所左右，不能及时地调整自己。

我们与理想要保持良好的沟通关系，一定要了解跟它相约可能要面临哪些灾难，或者在什么情况下需要调整。开始的时候，我们的心中若有疑问的阴影，它就会不断地冒出来破坏我们的行为与理想的和谐。所以，我们要大胆承担，如同将树木植于土壤当中一样，让理想扎根于自己的心中。以后，不管需要经过多少难关，接受多少考验，我们都不会为之动摇，因为我们正在从现时向未来传递真正的理想。

60多年前，在美国三藩市，一位演员喜获儿子。由于父亲是演员，这个男孩从小就有了跑龙套的机会，他渐渐产生了当一名演员的梦想。可由于身体虚弱，父亲便让他拜师习武来强身。1961年，他考入华盛顿州立大学主修哲学，后来，他像所有正常人一样结婚生子。但在心底，他从未放弃过当一名演员的梦想。

一天，他与朋友谈到梦想时，随手在一张便笺上写下了这样一段话：

"我，布鲁斯·李，将会成为全美国最高薪酬的超级巨星。作为回报，我将奉献出最激动人心、最具震撼力的演出。从1970年开始，我将会赢得世界性声誉；到1980年，我将会拥有1000万美元的财富，那时候我及家人将会过上愉快和谐、幸福的生活。"

当时，他过得穷困潦倒。可以预料，如果这张便笺被别人看到，会引起什么样的白眼和嘲笑。

然而，他牢记着便笺上的每一个字，克服了无数次常人难以想象的困难。一次，他曾因脊背神经受伤，在床上躺了 4 个月，后来他却奇迹般地站了起来。

1971 年，他主演的《猛龙过江》等几部电影都刷新香港票房纪录。1972 年，他主演了香港嘉禾公司与美国华纳公司合作的《龙争虎斗》，这部电影使他成为一名国际巨星——被誉为"功夫之王"。1998 年，美国《时代》周刊将其评为"20 世纪英雄偶像"之一，他是唯一入选的华人。

他就是"最被欧洲人认识的亚洲人"——李小龙，一个迄今为止在世界上享誉最高的华人明星。

1973 年 7 月，李小龙英年早逝。在美国加州举行的李小龙遗物拍卖会上，这张便笺被一位收藏家以 29 万美元的高价买走，同时，2000 份获准合法复印的副本也当即被抢购一空。

诚如李小龙，在传递理想的过程中，肯定要承受莫大的压力和挫折，只有坚持不放弃的人，才能够走向最终的胜利。

生活中，很多人都对未来抱有幻想，我们希望有一个美好的明天，而且也在为这个美好的结局做着准备，可是生活中的诱惑太多，有时候决定要做这个，却在不远处看到了更好的，就将最初的愿望放弃了。这样的做法是错误的。

"美好的明天"不会无缘无故地向我们臣服，它需要我们具备真正的力量、坚决的意志、安定的情绪和恒常的信心，但是这一切都需要围绕一个"真正的理想"。所以，不管遭遇多大的困难，如果还想要寄希望于明天，就一定要坚定于自己现时的理想，并且需要对它持之以恒。

聚焦你的全部力量

一个成功的经营者曾经说过："如果你能专注地制作好一枚针，应该比你制造出粗陋的蒸汽机赚到的钱更多。"对一个领域百分之百地精通，要比对100个领域各精通百分之一强得多。一个拥有一项专业技能的人，要比那种样样不精的多面手更容易获得成功。

重庆煤炭集团永荣电厂的罗国洲，是一名有30年工龄的普通而不平凡的员工，从烧锅炉到司炉长、班长、大班长，至今他仍深情地爱着陪伴他成长并成熟的锅炉运行岗位。就是在这个岗位上他当上了锅炉技师，成为国内远近闻名的"锅炉点火大王"和锅炉"找漏高手"；就是这个岗位，让他感受到了一名工人技师的荣耀和自豪。

罗国洲有一副听漏的"神耳"，只要围着锅炉转上一圈，就能在炉内的风声、水声、燃烧声和其他声音中，准确地听出锅炉受热面是哪个部位管子有泄漏声；往表盘前一坐就能在各种参数的细微变化中，准确判断出那个部位有泄漏点。

除了找漏，罗国洲还练就了一手锅炉点火、锅炉燃烧调整的绝活。在用火、压火、配风、启停等多方面，他都有独到见解。锅炉飞灰回燃不畅，他提出技术改造和加强投运管理建议，实施后使飞灰含碳量平均降低到8%以下，锅炉热效率提高了4%，为企业年节约32万元。

针对锅炉传统运行除灰方式存在的问题，罗国洲提出"恒料层"运行，经实施，解决了负荷大起大落问题，使标煤耗下降0.4克/千瓦时，年节约200多万元。

罗国洲学历不高、工种一般、职务很低，但他却成为社会公认的技术能手和创新能手，他的成长经历给我们的启迪就是：干一行，爱一行，精一行，无论我们做什么工作，都要认真钻研业务技能，让自己成为岗位上的专家。

一个人的潜能无限，但他的精力和时间都是有限的，任何人都不可能成为无所不知、无所不能的超人。"人能一其心，何不知之有哉?"意即，人如果能够专心致志，那么什么事情办不到呢? 聪明的人懂得专注的重要性，他们做事的时候，坚决不让自己的精力分散开来。只有这样，人才能坚持于一件事而终取得成功。

凡是大学者、科学家，无一不是"聚焦"成功的。就拿法布尔来说，他为了观察昆虫的习性，常达到废寝忘食的地步。有一天，他大清早就俯在一块石头旁。几个村妇早晨去摘葡萄时看见法布尔，到黄昏收工时，她们看到他仍然伏在那儿，她们实在不明白："他花一天工夫，怎么就只看着一块石头，简直中了邪!"其实，为了观察昆虫的习性，法布尔不知花去了多少个这样的日日夜夜。

生活中有这样一类人，他们看到一部文学作品在社会上引起强烈反响，就想学习文学创作;看到电脑专业在科研中应用广泛，就想学习电脑技术;看到外语在对外交往中起重要作用，又想学习外语……由于他们只想"速成"，一旦遇到困难，便失去信心，打退堂鼓，最后哪一种技能也没学成。这种情况，与明代边贡《赠尚子》一诗的描述非常相似："少年学书复学剑，老大蹉跎双鬓白。"有的年轻人刚要坐下学习书本知识，又要去学习击剑。如此浮躁，时光匆匆溜掉，到头来只落得个白发苍苍。

俗话说，蚂蚁可以爬遍深山老林，而两头蛇永远也走不远。聚焦于自己的目标，用尽全力去奋斗，我们会品尝到生命甘甜的果实! 生活的法则无数次告诉我们，那些具有非凡毅力、顽强意志的人，经过自己不屈不挠的执着追求，终会换来成功的喜悦，也会赢得世人的尊敬。

如果静坐不动，没有任何成功会光临

起来！赶快去行动。如果你静坐不动，那么没有任何成功会降临在你的头上。所以，如果你还在为自己的才华沾沾自喜，如果你还在抱怨某个老总"有眼无珠"，那么你可能已经错失了成功的机缘。因为成功的人有了想法就积极主动地去做，哪怕是失败了也不失掉尝试的勇气；而不成功的人，即使才能再大，也总是光说不做，他们守着空想的城堡，将所有的理想都寄托在没有实际行动的梦幻里。

生活中我们也常常能听到有人这样说："我这么聪明，将来准是做大事的，你们就等着吧，等我有钱了，请你吃满汉全席，再给你们一人买一架飞机！"言语之间，踌躇满志，仿佛自己已经功成名就。当别人问他凭什么就能做大事的时候，他们会振振有词地说："知识就是力量，智慧就是财富，我是知识与智慧并重，我怕谁啊！"

白日梦谁都会做，关键是要有所行动，白日梦不能当饭吃，你要想获得你想要的东西，你就得有实实在在的成绩，否则，光是有想法就能成功，那世界上岂不人人都是亿万富翁了？正如英国前首相本杰明·笛斯瑞利指出的，虽然行动不一定能带来令人满意的结果，但不采取行动就绝无满意的结果可言——你需要的不只是梦想，你还要付出切切实实的努力。如果光有好的想法，却一直静坐不动，等待机会的光临，那么我们永远都没办法接近成功。

有一位名叫莱温的美国女孩，她的父亲是芝加哥有名的牙科医生，母亲在一家声誉很高的大学担任教授。她的家庭对她有很大的帮助和支持，她完全有机会实现自己的理想。她从念中学的时候起，就一直梦想当电视节目主持人。她觉得自己具有这方面的天赋，因为每当她和别人相处时，即使是生人也都愿意亲近她并和她长谈。

但是，她为这个理想什么也没有做！她在等待奇迹出现，希望一下子就当上电视节目主持人。

莱温不切实际地期待着，整天幻想会不会遇到什么奇迹，可是什么奇迹也没有出现。

另一个名叫露丝的女孩却实现了莱温的理想，成了著名的电视节目主持人。露丝之所以会成功，是因为她知道"天下没有免费的午餐"，一切成功都要靠自己的努力去争取。她不像莱温那样有可靠的经济来源，所以没有白白地等待机会出现。她白天去打工，晚上在大学的舞台艺术系上夜校。毕业之后，她开始谋职，跑遍了芝加哥每一个广播电台和电视台。但是，每个经理对她的答复都差不多："不是已经有几年经验的人，我们一般不会雇用的。"露丝没有退缩，也没有等待机会，而是继续走出去寻找机会。她一连几个月仔细阅读广播电视方面的杂志，最后终于看到一则招聘广告：北达科他州有一家很小的电视台招聘一名预报天气的女孩子。

露丝在那里工作了两年，之后又在洛杉矶的电视台找到了一个工作。又过了5年，她终于成为她梦想已久的节目主持人。

同样心怀梦想，可是为什么两个人的命运截然不同呢？

因为莱温在10年当中，一直停留在幻想上，坐等机会，她把所有的希望寄托于空想，注定了一事无成；露丝则采取行动，将理想付诸实践，最后，她终于实现了理想。

成功不在难易，而在于"谁真正去做了"。这个世界不缺乏机遇，而在于缺少抓住机遇的手。如果你有想法就要赶紧付出行动，别担心失败或困难重重，人都是在不断地跌倒与爬起中学会走路的，在不停地实践与追求中，你就能超越自我，成为一块闪亮耀眼的真金。

美好的愿望要配合确切的行动

有一位老教授，一生爱好收藏，早年收藏了许多价值连城的古董。他的老伴很早就死了，留下三个孩子，长大出国后很少回来看他。

孩子不在身边，老人一直很寂寞，所幸还有一个昔日的学生经常来陪着他。

许多人都说："这年轻人放着自己的正事不干，成天陪着老头子，好像很孝顺的样子，他这样做都是为了老头子的钱！"

老人的孩子们，也常从国外打电话回来，叮咛老教授务必小心，千万不要被骗。

"我当然知道，"老人总是这么说，"我又不是傻瓜。"

老人死了。律师宣读遗嘱时，三个孩子都从国外赶回来，老教授的那一位学生也到了。遗嘱宣读之后，三个孩子的脸都绿了，因为听到老人居然把大半的收藏都留给了那个学生。

同时老人在遗嘱上向孩子们解释着："我知道他可能看上我的古董收藏。但是，在我寂寞的晚年，只有他才是真正照顾我的人！孩子们尽管爱我，但是说在嘴里、挂在心上，却从不伸出手来照顾我。就算我这位学生的热心都是假的，但是，能够这样陪我、照顾我十几年，连句怨言都没有，这是你们都没有做到的。"

诚如老人所说，只是在嘴上说出美好的愿望却不实际行动的人是多么不正常和不真诚啊，虽然我们在做事情的时候没有必要提前宣布，但我们必须要在行动中表现出我们的愿望。尽管行动有时候并不能帮助我们达成自己的愿望，但是没有行动的愿望就只能是空想，它永远都不可能被落实在生活的深处。

有个一贫如洗的年轻人总是想着如何能够摆脱贫穷，但又不想付诸行动，于是他每隔三两天就到教堂祈祷，而且他的祷告词几乎每次都相同。

第一次他到教堂时，跪在圣坛前，虔诚地低语："上帝啊，请念在我多年来敬畏您的分上，让我中一次彩票吧！"

几天后，他又垂头丧气地回到教堂，同样跪着祈祷："上帝啊，为何不让我中彩票？我愿意更谦卑地来服侍您，求您让我中一次彩票吧！"

又过了几天，他再次出现在教堂，同样重复着他的祈祷。如此周而复始，他不间断地祈求着。

到了最后一次，他跪着说："我的上帝，您为什么不垂听我的祈求呢？让我中彩票吧！只要一次，让我解决所有困难，我愿终身奉献，专心侍奉您。"

就在这时，圣坛上空发出了一阵宏伟庄严的声音："我一直在垂听你的祷告。可是——最起码，你老兄也该先去买一张彩票吧！"

现实生活中没有如此愚蠢的事，却有如此愚蠢的人。心中有好的想法却不愿或不敢行动起来，类似的事情在你身上也可能发生。想想你是不是常常渴望成功，却没有为成功做出过一丝一毫的努力？

你应该懂得，要成功，光有愿望是不够的，还必须拥有一定要成功的决心，配合确切的行动，坚持到底，方能成功。

行动，是通往成功的清幽小路。只有下定决心，历经学习、奋斗、成长这些不断的行动，才有资格摘下成功的甜美果实。而大多数的人，在开始时都拥有很远大的梦想，如同故事中那位祈祷者，却从未掏腰包真正去买过一张彩票。缺乏决心与实际行动的梦想，于是开始萎缩，种种消极与不可能的思想衍生，甚至于就此不敢再存任何梦想，过着随遇而安、乐于知命的平庸生活。

这也是为何成功者总是占少数的原因。了解了一些成功哲学后的你，是否真心愿意在此刻为自己的理想，认真地下定追求到底的决心，并且马上行动呢？

第九章

知足者常乐

谁还在当下里苦恼？难道上苍给他的恩典不够多吗？不！上苍给他的恩典已经足够，他的苦恼只是因为自己内心的不满足。

心灵载不动太多的沉重

有这样一句名言："满足不在多加燃料，而在于减少火苗；不在于累积财富，而在于减少欲念。"

贪欲会使人的精力和体力双重透支。放下贪欲，追求平实简朴的生活，是获得快乐最简单的方法。

当欲望产生时，再大的胃口都无法填满，贪多的结果只会产生无穷尽的烦恼和麻烦。学会接纳自己、欣赏自己，使我们从欲念的无底深渊中得到释放与自由，是快乐的始发站。

据说上帝在创造蜈蚣时，并没有为它造脚，但是它仍可以爬得和蛇一样快速。有一天，它看到羚羊、梅花鹿和其他有脚的动物都跑得比它还快，心里很不高兴，便嫉妒地说："哼！脚愈多，当然跑得愈快。"

于是，它向上帝祷告说："上帝啊！我希望拥有比其他动物更多的脚。"

上帝答应了蜈蚣的请求。他把好多好多的脚放在蜈蚣面前，任凭它自由取用。

蜈蚣迫不及待地拿起这些脚，一只一只地往身体贴上去，从头一直贴到尾，直到再也没有地方可贴了，它才依依不舍地停止。

它心满意足地看着满身是脚的自己，心中暗暗窃喜："现在我可以像箭一样地飞出去了！"但是，等它一开始要跑步时，才发觉自己完全无法控制这些脚。这些脚噼里啪啦地各走各的，它非得全神贯注，才能使一大堆脚不致互相绊跌而顺利地往前走。

这样一来，它走得比以前更慢了。

过度的欲望让蜈蚣步伐缓慢、举步维艰，而人的心里一旦产生的过分的欲望，终有一天，也会产生超载的现象，而这种负荷的结果是不堪设想的。

有一位禁欲苦行的修道者，准备离开他所住的村庄，到无人居住的山中去隐居修行，他只带了一块布当作衣服，就一个人到山中居住了。

后来他想到当他要洗衣服的时候，他需要另外一块布来替换，于是他就下山到村庄中，向村民们乞讨一块布当作衣服，村民们都知道他是虔诚的修道者，于是毫不考虑地就给了他一块布，当作换洗穿的衣服。

当这位修道者回到山中之后，他发觉在他居住的茅屋里面有一只老鼠，常常会在他专心打坐的时候来咬他那件准备换洗的衣服，他早就发誓一生遵守不杀生的戒律，因此他不愿意去伤害那只老鼠，但是他又没有办法赶走那只老鼠，所以他回到村庄中，向村民要一只猫来饲养。

得到了一只猫之后，他又想了——"猫要吃什么呢？我并不想让猫去吃老鼠，但总不能跟我一样只吃一些水果与野菜吧！"于是他又向村民要了一只乳牛，这样那只猫就可以靠牛奶维生了。

但是，在山中居住了一段时间以后，他发觉每天都要花很多的时间来照顾那只母牛，于是他又回到村庄中，找到了一个可怜流浪汉，于是就带着这无家可归的流浪汉到山中居住，帮他照顾乳牛。

那个流浪汉在山中居住了一段时间之后，他跟修道者抱怨说："我跟你不一样，我需要一个太太，我要正常的家庭生活。"

修道者想一想也有道理，他不能强迫别人一定要跟他一样，过着禁欲苦行的生活……

这个故事就这样继续演变下去，你可能也猜到了，到了后来，也许是半年以后，整个村庄都搬到山上。而这个修道者最初的愿望也不可能实现了，一切都是因为欲望。欲望就像是一条锁链，一个牵着一个，永远都不能满足。

我们每个人都有欲望，但欲望太多了，人生就会变得疲惫不堪。每个人都应学会轻载，因为心灵之舟载不动太多的重荷。

名利不过是生命的尘土

古今中外，为了生命的自由、潇洒，不少智者都把名利视为尘土，完全不去在意和理会。

惠施在梁国做了宰相，庄子想去见见这位好友。有人急忙报告惠子："庄子来，是想取代您的相位哩。"惠子很恐慌，想阻止庄子，派人在国中搜了三日三夜。不料庄子从容而来拜见他道："南方有只鸟，其名为凤凰，您可听说过？这凤凰展翅而起。从南海飞向北海，非梧桐不栖，非练实不食，非醴泉不饮。这时，有只猫头鹰正津津有味地吃着一只腐烂的老鼠，恰好凤凰从头顶飞过。猫头鹰急忙护住腐鼠，仰头视之道：'吓！'现在您也想用您的梁国来吓我吗？"惠子十分羞愧。

一天，庄子正在濮水垂钓。楚王委派的二位大夫前来聘请他："吾王久闻先生贤名，欲以国事相累。"庄子持竿不顾，淡然说道："我听说楚国有只神龟，被杀死时已三千岁了。楚王珍藏之以竹箱，覆之以锦缎，供奉在庙堂之上。请问二大夫，此龟是宁愿死后留骨而贵，还是宁愿生时在泥水中潜行曳尾呢？"二大夫道："自然是愿活着在泥水中摇尾而行啦。"庄子说："二位大夫请回去吧！我也愿在泥水中曳尾而行哩。"

庄子不慕名利，不恋权势，为自由而活，可谓洞悉幸福真谛的达人。

人活在世界上，无论贫穷富贵，穷达逆顺，都免不了与名利打交道。《清代皇帝秘史》记述乾隆皇帝下江南时，来到江苏镇江的金山寺，看到山脚下大江东去，百舸争流，不禁兴致大发，随口问一个老和尚："你在这里住了几十年，可知道每天来来往往多少船？"老和尚回答说："我只看到两只船。一只为名，一只为利。"一语道破天机。

淡泊名利是一种境界，追逐名利是一种贪欲。放眼古今中外，真正淡泊名利者很少，追逐名利者很多。今天的社会是五彩斑斓的大千世界，充溢着各种各样炫人耳目的名利诱惑，要做到淡泊名利确实是一件不容易的事情。

旷世巨作《飘》的作者玛格丽特·米切尔说过："直到你失去了名誉以后，你才会知道这玩意儿有多累赘，才会知道真正的自由是什么。"盛名之下，是一颗活得很累的心，因为它只是在为别人而活着。我们常羡慕那些名人的风光，可我们是否了解他们的苦衷？其实大家都一样，希望能活出自我，能活出自我的人生才更有意义。

世间有许多诱惑：桂冠、金钱，但那都是身外之物，只有生命最美，快乐最贵。我们要想活得潇洒自在，要想过得幸福快乐，就必须做到：学会淡泊名利享受、割断权与利的联系，无官不去争，有官不去斗；位高不自傲，位低不自卑，欣然享受清心自在的美好时光，这样就会感受到生活的快乐和惬意。否则，太看重权力地位，让一生的快乐都毁在争权夺利中，那就太不值得，也太愚蠢了。

当然，放弃荣誉并不是寻常人具有的，它是经历磨难、挫折后的一种心灵上的感悟，一种精神上的升华。"宠辱不惊，去留无意"说起来容易，做起来却十分困难。红尘的多姿、世界的多彩令大家怦然心动，名利皆你我所欲，又怎能不忧不惧、不喜不悲呢？否则也不会有那么多的人穷尽一生追名逐利，更不会有那么多的人失意落魄、心灰意冷了。只有做到了宠辱不惊、去留无意方能心态平和，恬然自得，方能达观进取，笑看人生。

欲望让你的心灵烦恼不安

我们生活在世上接受教育和训练的目的是什么呢？难道是为了得到别人口头上的称赞吗？当然不是，其实在这个世界上真正值得尊重的事情并不是那种无价值的所谓名声，而是根据自己自身恰当的结构推动自己，即，使自己不屈服于身体的引诱，不被感官压倒，与社会和谐，只做自己应该做的事情，而不追求其他多余的东西，即不产生任何欲望。

人的一生是短暂的，很快我们就将化为灰尘，或者一具骷髅，一个名称——甚至连名称也没有——而名称只是声音和回声。既然生命如此短暂，那在生活中被我们高度重视的东西也就是空洞的、易朽的和琐屑的，至于那在可怜的肉体和呼吸之外的一切事物，要记住它们既不是属于你的也不是你力所能及的。

有人问智者："白云自在时如何？"智者答："争似春风处处闲！"

那天边的白云什么时候才能逍遥自在呢？当它像那轻柔的春风一样，内心充满闲适，本性处于安静的状态，没有任何的非分追求和物质欲望，放下了时间的一切，它就能逍遥自在了。

保持自己的理性，放下世间的一切假象，不为虚妄所动，不为功名利禄所诱惑，一个人才能体会到自己的真正本性，看清本来的自己。否则我们只能使自己的心灵处在一种烦恼不安的状态之中。就好像种植葡萄的人目的在种而不在收，如果还要希望自己的葡萄比别人的大、比别人的多，那他产生的这种欲望将会使自己失去心灵上的自由。因为他会变得不知足，会变得妒忌、吝啬、猜疑，会反对那些比他拥有更多葡萄的人。

县城老街上有一家铁匠铺，铺里住着一位老铁匠。时代不同了，如今已经没人再需要他打制的铁器，所以，现在他的铺子改卖拴小狗的链子。

他的经营方式非常古老和传统。人坐在门内，货物摆在门外，不吆喝，不还价，晚上也不收摊。你无论什么时候从这儿经过，都会看到他在竹椅上躺着，微闭着眼，手里是一只半导体收音机，旁边有一把紫砂壶。

当然，他的生意也没有好坏之说。每天的收入正够他喝茶和吃饭的。他老了，已不再需要多余的东西，因此他非常满足。

一天，一个文物商人从老街上经过，偶然间看到老铁匠身旁的那把紫砂壶，因为那把壶古朴雅致，紫黑如墨，有清代制壶名家戴振公的风格。他走过去，顺手端起那把壶。壶嘴内有一记印章，果然是戴振公的。商人惊喜不已，因为戴振公在世界上有捏泥成金的美名，据说他的作品现在仅存三件：一件在美国纽约州立博物馆；一件在台湾故宫博物院；还有一件在泰国某位华侨手里，是那位华侨1993年在伦敦拍卖市场上，以56万美元的拍卖价买下的。商人端着那把壶，想以10万元的价格买下它，当他说出这个数字时，老铁匠先是一惊，然后很干脆地拒绝了，因为这把壶是他爷爷留下的，他们祖孙三代打铁时都喝这把壶里的水。

虽然壶没卖，但商人走后，老铁匠有生以来第一次失眠了。这把壶他用了近60年，并且一直以为是把普普通通的壶，现在竟有人要以10万元的价钱买下它，他转不过神来。

过去他躺在椅子上喝水，都是闭着眼睛把壶放在小桌上，现在他总要坐起来再看一眼，这种生活让他非常不舒服。特别让他不能容忍的是，当人们知道他有一把价值连城的茶壶后，来访者络绎不绝，有的人打听还有没有其他的宝贝，有的甚至开始向他借钱。他的生活被彻底打乱了，他不知该怎样处置这把壶。当那位商人带着20万现金，再一次登门的时候，老铁匠没有说什么。他招来了左右邻居，拿起一把斧头，当众把紫砂壶砸了个粉碎。

现在，老铁匠还在卖拴小狗的链子，据说现在他已经106岁了。

"人到无求品自高"，人无欲则刚，人无欲则明。无欲能使人在障眼的迷雾中辨明方向，也能使人在诱惑面前保持自己的人格和清醒的头脑，不丧失自我。在这个充满诱惑的花花世界里，要想真正做到没有一丝欲望，像水一般平平淡淡毫无牵挂的确很难。

要想做到"无欲"，首先要有一颗静如止水的心。不受到外界事物打扰，好好地坚持走正确的道路，正确地思考和行动，就能消除你的欲望，心淡如水是生命褪去了浮华之后，对生活中那些细微处的感动，只有用感恩的心生活，从而在一种幸福的平静流动中度过一生，才能在人生感悟之中找寻到生命的意义所在，才能做到不为"欲"所牵连、不为"欲"所迷惑，在欲望充斥的浊世之中仍能保持心中的一方净土。

量着自己的力量缓缓而行

懂得知足的人往往会量力而行。即使前面有很多诱惑，但是他仍然能够不为所动，仔细斟酌自己一天至多能行多远。他深思熟虑之后才去安排行程。尤其是在一条从没走过的道路，他会花费更多的心思去衡量：何处崎岖、何处坎坷、何处严寒、何处酷热，他都要弄得一清二楚。不管别人给他施加多少压力，或者前方有多少诱惑，他都不急不躁，沿着既定的路线缓缓而行。

蒋方初到广州时，曾为找工作奔波了好长一段时间，起初他见几个跑业务的同学业绩不俗，赚了不少钱，学中文专业的他便找了家公司做业务员，然而辛辛苦苦跑了几个月，不但没赚到钱，人倒瘦了十几斤。同学们分析说："你能力不比我们差，但你的性格内向，不爱与人交谈、沟通，不善交际，因此不太适合跑业务……"

后来蒋方见一位在工厂做生产管理的朋友薪水高、待遇好，便动了心，费尽心力谋到了一份生产主管的职位，可是没做多久他就因管理不善而引咎辞职了。之后，蒋方又做过公司的会计、餐厅经理等，最终出于各种原因都被迫离职跳槽。

最后，蒋方痛定思痛，吸取了前几次的教训，不再盲目追逐高薪或舒适的职位，而是依据自己的爱好和特长，凭借自己的中文系本科学历和深厚的文字功底，应聘到一家刊物做了文字编辑。这份工作相比以前的职位，虽然薪水不高，工作量也大，但蒋方做得非常开心，工作起来得心应手。几个月下来，他就以自己突出的能力和表现令领导刮目相看，器重有加。回顾以往的工作历程，蒋方深有感触地说："无论是工作，还是生活，我们都应当根据自己的能力找到合适自己的位置。一味地追逐高薪、舒适的工作，曾让我吃尽了苦头，走了不少弯路。事实上，我们无论做什么事都应结合自身条件，依据自己的爱好和特长去选择相应的事来做。放弃那些不适合自己的生活，我们的生活才会快乐。"

就如同故事里的蒋方，很多人都是受到了生活的诱惑，总觉得自己有能力可以获取更多，可是事实是我们还不具备那么多的力量，贪图诱惑，朝着更大的目标行进，只会加大我们的压力，让自己无法适从。

生活里，有人看到了巨大的利益，所以不停地调整自己的路线，甚至急躁地想要直奔利益的终点，可是急于求成的人往往会事倍功半。还有一些人，他们整天都在为了未来的事情操心，可能几十年以后才可能面对的难处，他们现在就开始忧心忡忡了。但是命运只肯按照现实的样子，向我们展示生活，根本不可能因为我们的急躁就提前向我们展开未来的画卷。所以，我们只能按照自己既定的生活之路，一步一步地为未来打开局面。不能急躁，要严格遵循自己的力量而行。

最长久的名声也是短暂的

纵观所有朝代和国家，一个人不管生前有多么大的丰功伟绩，短暂的一生还是很快就走到尽头，死后分解为元素。所以，不管生前有多少名利，死后都将化为尘土。可是，在现实生活里，人们看不透名利的短暂，还总是为了它而钩心斗角，拼死争夺。

我们周围总有一些人，他们之中的一部分可能没有目标，做着一些对自己、对别人都毫无益处的事情，却不明白自己身上真正的本性是怎样的，有一点虚名就会沾沾自喜。这样的做法是不明智的，相反的，在做事情之前，我们一定要弄清楚自己的本性是什么，之后遵从自己的本性，只做属于自己本性的事情，为了公共的利益。一定要记住，你做的每一件事都要以这件事情的本身价值来进行判断，不要过分注意那些鸡毛蒜皮的小事，你将会对命运的安排和生活的赐予感到满足。

过去熟悉的一些词语现在已经不用了，同样，那些声名显赫的名字到如今在某种意义上也被忘却了，例如卡米卢斯、恺撒、沃勒塞斯、邓塔图斯以及稍后一些时候的西庇阿、加图，然后是奥古斯都，还有哈德里安和安东尼。这些事情很快就过去了，变成了传说，不久也就完全被忘记了。上面提到的这些乃是历史留下丰功伟绩的人的名字，那么其他的人，一旦呼吸停止了，别人就不会再提起他了。如果这样的话，所谓的"永恒的纪念"是什么呢？只是虚无罢了。所以，认识到了本性的人，早就放弃了对名利的追求，即使他们偶然获得了荣誉，也完全不放在心上，而只会淡化自己对于名利的渴望和与人攀比的虚荣。

居里夫人因取得了巨大的科学成就而天下闻名。她一生获得各种奖金多次，各种奖章16枚，各种名誉头衔117个，但她对此全不在意。

有一天，她的一位女朋友来访，忽然发现她的小女儿正在玩一枚金质奖章，而那枚金质奖章正是大名鼎鼎的英国皇家学会刚刚颁给她的。这位朋友不禁大吃一惊，忙问："居里夫人，能够得到一枚英国皇家学会的奖章是极高的荣誉，你怎么能给孩子玩呢？"

居里夫人笑了笑说："我是想让孩子从小就知道，荣誉就像玩具，只能玩玩而已，绝不能够永远守着它，否则将一事无成。"

1921年，居里夫人应邀访问美国，美国妇女为了表示崇拜之情，主动捐赠1克镭给她，要知道，1克镭的价值是在百万美元以上的。

这是她急需的。虽然她是镭的母亲——发明者和所有者（但她放弃为此而申请专利），但她买不起昂贵的镭。

在赠送仪式之前，当她看到《赠送证明书》上写着"赠给居里夫人"的字样时，她不高兴了。她声明说："这个证书还需要修改。美国人民赠送给我的这1克镭永远属于科学，但是假如就这样规定，这1克镭就成了我的私人财产，这怎么行呢？"

主办者在惊愕之余，打心眼里佩服这位大科学家的高尚人品，马上请来一位律师，把证书修改后，居里夫人才在《赠送证明书》上签字。

居里夫人的成就在科学史上是空前的，可是她早就看淡了名利，这并不是每个人都能做到的。人的行为都是受欲望支配的，可欲望是无穷的，尤其是对于外部物质世界的占有欲，更是一个无底深渊。现实生活中，到处都是诱惑，人的占有欲往往就这样被强烈地激发出来。但是，虽然人们承认欲望的客观存在，并不代表肯定欲望本身，欲望的永无休止只会给我们带来更深重的灾难，所以我们竭力要避免和舍弃的东西正是在欲望的支配下对名利无休无止的渴望。

诱惑，让你偏离了人生的正路

一个人在舒适的环境里找不到真实的自己，所以命运常常在我们孤单的时候给予我们信心，让我们看到自己的理想。可是它也会不停地给我们增加诱惑，看我们能否有足够的自制力，避免走向与最初的理想相背离的道路。

一个商人因为业务发展的需要，决定招聘一个小伙计。

他在商店里的窗户上，贴了一张独特的广告："招聘：一个能自我克制的男士。每星期4美元，合适者可以拿6美元。"

"自我克制"这个术语引起了议论，这有点不平常。这引起了小伙子们的思考，也引起了父母们的思考，自然引来了众多求职者。

每个求职者都要经过一个特别的考试。

"能阅读吗？孩子。"

"能，先生。"

"你能读一读这一段吗？"他把一张报纸放在小伙子的面前。

"可以，先生。"

"你能一刻不停顿地朗读吗？"

"可以，先生。"

"很好，跟我来。"商人把他带到他的私人办公室，然后把门关上。

他把这张报纸送到小伙子手上，上面印着他答应不停顿地读完的那一段文字。阅读刚一开始，商人就放出6只可爱的小狗，小狗跑到小伙子的脚边。这太过分了，小伙子经受不住诱惑要看看美丽的小狗。由于视线离开了阅读材料，小伙子忘记了自己的角色，读错了。当然，他失去了这次机会。

就这样，商人打发了 70 个男孩。终于，有个男孩不受诱惑一口气读完了。商人很高兴。他们之间有这样一段对话：

商人问："你在读书的时候，没有注意到你脚边的小狗吗?"

男孩回答道："对，先生。"

"我想你应该知道它们的存在，对吗?"

"对，先生。"

"那么，为什么你不看一看它们?"

"因为我告诉过你，我要不停顿地读完这一段。"

"你总是遵守你的诺言吗?"

"的确是，我总是努力地去做，先生。"

商人在办公室里走着，突然高兴地说道："你就是我要的人。明早 7 点钟来，你每周的工资是 6 美元。我相信你大有发展前途。"

后来，男孩的最终发展的确如商人所说，若干年后，男孩成了一个有着良好口碑的律师。

面对诱惑，需要保持清醒的头脑，勇于放弃。如果抓住不放，贪得无厌，就会带来无尽的压力、痛苦不安，甚至毁灭自己。

韩国前总统卢泰愚从 1988—1993 年执政 5 年期间，充分利用职权蓄积、贪污政治资金多达 5000 余亿韩元（约 800 韩元合 1 美元），下野前夕，将剩余的政治资金用化名分别存入 20 多家银行，据为己有。1995 年 8 月初，韩国前内阁成员总务处长官徐锡宰与一些新闻界的朋友在汉城市一家餐馆饮酒，酒后吐真言，将这秘密泄露。在野的民主党穷追不舍，私下进行调查、掌握了大量证据，卢泰愚被打入监狱，等待法律的最终判决。

在证人、证据面前，卢泰愚不得不承认他的犯罪事实，并在记者招待会上流下了眼泪。接受传讯后回到住宅，他问他的医生："有没有一种药服后可以一睡不醒，我真不想活了!"但是正如韩国报纸所强调的那样"眼泪不会获得国民的同情"。

在诱惑面前，我们需要有一种敢于放弃的清醒。只有能够大胆地舍弃那些原本就不属于自己的东西，才能按照最初的计划，走完自己的人生。可是在物欲横流、灯红酒绿的今天，摆在每个人面前的诱惑有许多。在这种情况下，唯有保持一颗清凉心、善待欲望的人，才不会误入歧途。

第十章

还原生命的本色

计较太多，得不到更多的乐趣，与别人的钩心斗角也不一定会带给我们进步。如果想在当下的恩典里长进，必须恢复简单的心灵。从此，我们用不着挖空心思去追逐名利，用不着留意别人看你的眼神，心灵没有锁链，快乐而自由，随心所欲，想哭就哭，想笑就笑……

放弃复杂，还原生命本色

我们对"成功"的需求是永无止境的，没完没了地去追求普遍认同的来自外部世界的诱惑——大房子、新汽车、时髦服装、朋友、事业，尽管可以在某些方面得到快乐和满足，但是这些东西最终带给我们的是患得患失的压力和令人疲惫不堪的混乱。

一个樵夫上山去打柴，看见一个人在树下躺着乘凉，就忍不住问他："你为什么不去打柴呢？"

那人不解地问："为什么要去打柴？"

樵夫说："打了柴好卖钱呀。"

"那么卖了钱又有什么用呢？"

"有了钱你就可以享受生活了。"樵夫满怀憧憬地说。

乘凉的人笑了："那么你认为我现在在做什么？"

这个人没有把自己盲目地投入到紧张的生活中，他过的是恬静的日子——躺在树下轻松自在地呼吸，并且对生命充满由衷的喜悦与感激。这种简单、干净的生活方式是多么令人向往啊。这是一种发自心灵的简单与悠闲。

在走进21世纪的时候，我们是否应该回头看一看现代人的生活？所有人都莫名其妙地忙碌着，被包围在混乱的杂事、杂务，尤其是杂念之中，一颗颗跳动的心被挤压成了有气无力的皮球，在坚硬的现实中疲软地滚动着。也许是因为在竞争的压力下我们丧失了内心的安全感，于是就产生了担心无事可做的恐惧，所以才急着找事做来安慰自己。这样不知不觉中，我们已经陷入了一种恶性循环，离真正的快乐、甚至真正的生活越来越远。

在20世纪末，人类对自然的征服可谓达到了顶峰，人们恨不得把地球上能开发的地方都开发出来以满足日益增长的消费需求？我们深深地被工业、电子、传媒、科技、城市等人工风景紧紧地包围着。信息的汹涌和浩大正如大海的汹涌和浩大，我们每一个人都在这海里沉浮着，在一层层海浪的推举下荡来荡去。也许我们并没失去什么，却凭空地感到牺惶。现代人已经很难找到宁静和从容，找到自己内心的真实。

很多时候，并不是我们行动，而是大海的力量左右我们行动。但如果我们认识到自己的处境，从而奋力反抗时势的捉弄，还有可能获得抵达遥远彼岸的渺茫希望。可怕的是，我们并没有充分认识到这一点，我们的心已被时代蒙住，看不到自我行动的艰难，而思想的虚弱顺理成章，又极易把被动错认成自由。

也许是我们真的太累了。在追逐生活的过程中，我们也应该尝试着放弃一些复杂的东西，还原生命的本源，让一切都恢复简单的面孔。其实生活本身并不复杂，复杂的只有我们的内心。所以，要想恢复简单的生活，必须从"心"开始。

心灵越纯净，力量越强大

强大的凝聚力与美好心灵如影随形，一个人只要具有一颗质朴而美丽的心灵，那么他必然具有强大的人格魅力，这种影响力会像影子一样，一生追随着他。

世界上有两种人，一种人像水一样，随着地势的起伏改变着自己的形态，另一种人则像水晶，内心晶莹透彻，却锐利坚硬。第一种人只能让自己随着世界变化，第二种人则会让世界因自己而改变。

有一个6岁的加拿大男孩，曾经用一颗单纯的心改变了世界。

他曾被评选为"北美洲十大少年英雄"，甚至被人称为"加拿大的灵魂"，他就是曾经接受过加拿大国家荣誉勋章的瑞恩·希里杰克。

1998年，6岁的瑞恩第一次听说在非洲有很多孩子因为喝不上干净的水而死去，于是，为非洲的孩子捐献一口井成了他的梦想。

那天回到家里，他向妈妈要70加元时，妈妈告诉他："你可以通过自己的劳动凑齐这一笔钱，比如打扫房间、清理垃圾，我会给你报酬。"瑞恩迟疑了一下，最终答应了。于是，他开始通过自己的劳动挣钱。

瑞恩得到的第一个任务是吸地毯，干了两个多小时后他得到了两块钱的报酬。几天之后，当全家人去看电影时，瑞恩一个人留在家里擦了两个小时窗子，赚到第二个两块钱。全家人都以为瑞恩不过是心血来潮，他却坚持了下来。

四个月后，当瑞恩把辛苦积攒的钱交给有关组织时却得知，70元只够买一个水泵，挖一口井实际需要2000加元，他并没有放弃，反而更加卖力了，因为他只有一个想法，就是要尽自己的能力让更多非洲的小朋友喝到水。

　　渐渐地，大家都知道了瑞恩的这个梦想。于是爷爷雇他去捡松果；暴风雪过后，邻居们请他去帮忙捡落下的树枝；瑞恩考试得了好成绩，爸爸给了他奖励；瑞恩从那时起不再买玩具……所有这些钱，都被瑞恩放进了那个存钱的旧饼干盒里。

　　后来，他的故事被媒体报道了，他的名字传遍了整个国家。一个月后，在他家的邮筒里出现了一封陌生的来信，里面有一张 30 万元的支票，还有一张便条："但愿我可以为你和非洲的孩子们做得更多。"如果你以为这是故事的结尾，那就错了，因为这只是事情的开始。接下来，在不到两个月的时间里，又有上千万元的汇款支持瑞恩的梦想。

　　2001 年 3 月，"瑞恩的井"基金会正式成立。瑞恩的梦想成为千万人参加的一项事业。

　　事后有人问瑞恩："你为什么要这样做呢？"

　　瑞恩说："没有为什么，我只是想让他们喝到干净的水。"

　　"没有为什么"，一切就是如此简单，他只是听从了自己的召唤，并随着善良灵魂的高歌起舞而已。那一支心灵的舞蹈，却令整个世界为之倾倒。

　　心灵纯净的人，往往是精神潜能真正觉醒的人。他们那些美好的梦想和执着的信念具有强大的感召力，所以能四两拨千斤般创造奇迹。他们强大的影响力与单纯的个人魅力常常形成一种怪异的对比，那天真烂漫的生活和无忧无虑的心态使他们宛若孩童，但思想的感染力和举手投足间的伟人风范令人心生艳羡。

生命之舟需要轻载

有一个流浪汉在看不见尽头的路上长途跋涉，他背着一大袋沉重的沙子，一根装满水的粗管子缠在他身上，两只手分别拿着两块大石头，脖子上用一根旧绳子吊着一块大磨盘，脚腕上系着一条生锈的铁链，铁链上拴着大铁球，头上还顶着一个已腐烂发臭的大南瓜。这个流浪汉一步一挪很吃力地走着，每走一步，脚上的铁链就发出哗哗的响声。他呻吟着，他抱怨他的命运如此艰难，他抱怨疲倦在不停地折磨着他。

正当他头顶烈日艰难前行时，迎面走过来一位农夫。农夫问："喂，疲倦的流浪人，你为什么不将手里的石头扔掉呢？"

"我真蠢，"流浪汉明白了，"我以前怎么没想到呢？"他摔掉了石头，觉得轻了许多。

不久，他在路上又遇到一位少年。少年问他："告诉我，疲倦的流浪汉，你为什么不把头上的烂南瓜扔了呢？你为什么要拖着那么重的铁链子呢？"

流浪汉答道："我很高兴你能给我指出来。我没意识到我在做什么事。"他解开脚上的铁链子，把头上的烂南瓜扔到路边摔得稀烂。他又觉得轻了许多。但当他继续往前走，他又感到了步履的艰难。

后来，有一位老人从田里走来，见到流浪汉十分惊异："啊，我的孩子，你扛了一口袋沙子，可一路上有的是沙子；你带了一根大水管，可你瞧，路旁就有一条清亮的小溪，它已伴随着你走了很长一段了。"听到这些话，流浪汉又解下了大水管，倒掉了里面已经变了味的水，然后把口袋里的沙子倒进一个洞里。突然他看到了脖子上挂着的磨盘，意识到正是这东西使他不能直起腰来走路。于是他解下磨盘，把它远远地扔进河里。他卸掉了所有负担，在傍晚凉爽的微风中，寻找住宿之处。此时，他觉得自己的脚步轻松而愉悦，比原来快乐许多。原来，生命是没有必要如此沉重的。

生命之舟需要轻载。生活本身就是一份责任和承担，是绝不轻松的，如果再加上额外的不必要的心理负担，压力就会更大了。因此，我们应当学会放下心理负担的包袱，轻松简单地面对自己的生活。

可是，生活中，人们常常给自己增添很多无形的包袱：昨天发生的事情，要及时地总结经验，并且从中吸取教训，不到万不得已，一定不能忘记曾经发生过的痛苦的和悲伤的往事；明天还没有到来，会发生什么，都是无法预料的，我们需要做准备……总是害怕不够，总是在准备，我们就是用这样的锁链锁住了幸福，给自己的生命增添了太多的负担。

每一天的生活都是一个新的开始，所以每一天都应该轻装上阵，只有这样，我们才能感受到生活的快乐和惬意。

简单就是享受生命本体的喜悦

住在田边的蚂蚱对住在路边的蚂蚱说："你这里太危险，搬来跟我住吧！"路边的蚂蚱说："我已经习惯了，懒得搬了。"几天后，田边的蚂蚱去探望路边的蚂蚱，却发现对方已被车子轧死了。

——原来掌握命运的方法很简单，远离懒惰就可以了。

一只小鸡破壳而出的时候，刚好有只乌龟经过，从此以后，小鸡就打算背着蛋壳过一生。它受了很多苦，直到有一天，它遇到了一只大公鸡。

——原来摆脱沉重的负荷很简单，寻求名师指点就可以了。

一个孩子对母亲说："妈妈你今天好漂亮。"母亲问："为什么？"孩子说："因为妈妈今天一天都没有生气。"

——原来要拥有漂亮很简单，只要不生气就可以了。

一位农夫，叫他的孩子每天在田地里辛勤劳作，朋友对他说："你不需要让孩子如此辛苦，农作物一样会长得很好的。"农夫回答说："我不是在培养农作物，而是在培养我的孩子。"

——原来培养孩子很简单，让他吃点苦就可以了。

有一家商店经常灯火通明，有人问："你们店里到底是用什么牌子的灯管？那么耐用。"店家回答说："我们的灯管也常常坏，只是我们坏了就换而已。"

——原来保持明亮的方法很简单，只要常常换掉坏的灯管就可以了。

有一支淘金队伍在沙漠中行走，大家都步伐沉重，痛苦不堪，只有一人快乐地走着，别人问："你为何如此惬意？"他笑着说："因为我带的东西最少。"

——原来快乐很简单，只要放弃多余的包袱就可以了。

著名作家刘心武说："在五光十色的现代世界中，应该记住这样古老的真理：活得简单才能活得自由。"

在这里，简单可能也需要一部分的调整，但是生活的大体方向不曾改变，原本的生活里有什么，我们就在享用什么，不需要过多复杂的修饰，而是遵循生命本身的喜悦。

简单是一种自然的、不刻意的表象，但是它不是粗陋和做作，而是一种真正大彻大悟之后的升华。

用过电脑的朋友都知道，在系统中安装的应用软件越多，电脑运行的速度就越慢，并且在电脑运行的过程中，还会有大量的垃圾文件、错误信息不断产生，若不及时清理掉，不仅会影响电脑的运行速度，还会造成死机甚至整个系统的瘫痪。所以必须定期地删除多余的软件，清理垃圾文件，这样才能保证电脑的正常运转。

我们的生活和电脑系统的情况十分类似，现代人的生活太复杂了，到处都充斥着金钱、功名、利欲的角逐，到处都充斥着新奇和时髦的事物。被这样复杂的生活牵扯，我们能不疲惫吗？如果你想过一种幸福快乐的生活，就不能背负太多不必要的包袱，要学会删繁就简。托尔斯泰笔下的安娜·卡列尼娜以一袭简洁的黑长裙在华贵的晚宴上亮相，惊艳无比，令周遭的妖娆"粉黛"颜色尽失。所以，去除烦躁与复杂，恢复本真，才能让我们的人生释放最美丽的光芒。

简单地做人，简单地生活，按照自身的喜悦安排自己的生活，想想也没什么不好。金钱、功名、出人头地、飞黄腾达，当然是一种人生。但能不依附权势，不贪求金钱，心静如水，无怨无争，拥有一份简单的生活，不也是一种很惬意的人生吗？毕竟，你用不着挖空心思去追逐名利，用不着留意别人看你的眼神，心灵没有锁链，快乐而自由，随心所欲，想哭就哭，想笑就笑……

保持精神世界的宁静

我们向往过陶渊明式"采菊东篱下，悠然见南山"的田园生活，向往过金庸小说中令狐冲式的笑傲江湖或归隐山林的超然世外的生活。可你要知道，不管是乡村茅屋、山林海滨，我们始终逃不过自然和宇宙赋予自身的一切。如果你的心灵不宁静，那么即使生活在桃花源中也不会真正感受到宁静的滋味。与其千辛万苦求之于外，不如回过头来反观自己的心灵。

只有在这里，你才能得到真正的宁静和更少的苦恼。

正所谓"人之初，性本善"，其实每个人的本性都没有差别，人一生下来本就具有纯真的心念，只不过被后天的环境所烦扰，变得处处紧张、事事计较，或因一时糊涂一步踏错，步步皆错。人存活在世上，保持一颗原有的"初心"，去掉心灵的遮蔽，以本色天性面世，不要为世俗制造善恶美丑的标准，不费尽心机，不被那些无谓的人情、规矩约束，能哭能笑，能苦能乐，泰然自在，怡然自得，真实自然，才能避免人们在标准中将本性迷失。

崛多禅师游历到太原定襄县历村，看见神秀大师的弟子结草为庵，独自坐禅。

禅师问："你在干什么呢？"

僧人回答："探寻清静。"

禅师问："你是什么人？清静又为何物呢？"

僧人起立礼拜，问："这话是什么意思？请你指点。"

禅师问："何不探寻自己的内心，何不让自己的内心清静？否则，让谁来给你清静呢？"僧人听后，当即领悟了其中的禅理：一个人无论处于什么地位，过哪种生活，只要他内心清静、安谧就可以过得幸福。

北大著名"未名湖畔三雅士"之一的张中行先生青年时代有着强烈的求知欲望，他无休止地探寻：生命有意义吗？如何生存才是合理的？什么是"存在"？"存在"是顺从意志的必然，还是顺应天运的必然？张先生最后求证的结论就是保持心灵的宁静，即使有人批评他，他也只是沉默，他说："其一，这类过去的事，在心里转转无妨，翻来覆去地去说就没有意思了。其二，我没有兴趣，也不愿意为爱听张家长、李家短的闲人供应茶余饭后的谈资。其三，最重要的，是人生实不易，不如意事十常八九，老了，余年无几，幸而尚有一点点忆昔的力量，还是想想那十之一二为是。"他的这种省悟，是原原本本的，像李叔同坐禅时的冥想，也似丰子恺那样远离尘海时的冷观，同时又如闻一多、朱自清那样直面人生。

一天，释尊禅师在寂静的树林中坐禅。突然，从远方传来了一对男女的争吵声。

过了一会儿，一名女子慌忙地从树林中跑了过来，她跑得太专注了，从释尊禅师面前过去，居然一点也没有发现禅师。之后又出来一名男子，他走到释尊禅师面前，非常生气地问道："你有没有看见一个女子经过这里？"

禅师问道："有什么事吗？为什么你这么生气呢？"

男子目光凶狠地说："这个女人偷了我的钱，我是不会放过她的！"

释尊禅师问道："找逃走的女人与找自己，哪一个更重要？"

青年男子没有想到禅师会这样问，站在那里，愣住了。

"找逃走的女人与找自己，哪一个更重要？"释尊禅师再问。

青年男子眼睛里流露出惊喜的神色，他在一瞬间醒悟了！青年低下头，脸上的怒气早已消失了，重新洋溢着平静的神色。

没错，与其跟一个追不回来的人生气，不如让自己的内心回复宁静来得实际。在现实生活中，没有比这更悲惨的了：一个人不知道只要专注于他心中的神并真诚地尊奉他就足够了。对心中神的尊奉在于使心灵免于无价值的思想而保持纯洁。

当然，并非所有心灵高贵的人都是有神论者，但是他们无一例外都是心中具备神性的人。这种神性成了他们的保护者，据此，一个人可以不依赖于外在的帮助也不要别人给的安宁。这样，一个人就必然能笔直地站立，而不是让别人扶直。

所以，每个人的心灵都像整个宇宙一样，具备某种自足性，只要你动用自己的精力去关照自身，心灵就能够自行得到净化。

不论遇到什么烦扰之事，记住退入你自身的小小疆域，尤其不要使你分心或紧张，然后保持心灵的自由，冷静地看待周围的事物。在你手边你容易碰到并注意的事物，让它们存在吧，我们的烦恼仅来自内心的意见，如果内心在烦扰中隐退了，那么生活自然变得宁静了。

剔除生命中无用的东西

生命中有很多与人的本性无关的东西，这些东西对于人来说是无用的。很多时候，我们常常会被这样的人和事所干扰，最终失去了真实的自我，在歧路上越走越远，找不到回头的道路。

如果我们能把这些无用且时时烦扰你的东西从生命中清除出去，那我们就有足够的时间来跟随自己的心，思考整个宇宙，思考这永恒的时间，观察每一事物的瞬息万变，观察什么是生，什么是死。其实，生命是属于你自己的，每个人都有一片属于自己的独特的天空。你所要做的只是不要被别人的言论所左右，找到那片属于你自己的天空，你就能创造出属于自己的精彩。

一个皇帝想要整修京城里的一座寺庙，他派人去找技艺高超的设计师，希望能够将寺庙整修得美丽而又庄严。

后来有两组人员被找来了，其中一组是京城里很有名的工匠与画师，另外一组是几个和尚。

由于皇帝不知道到底哪一组人员的手艺比较好，于是就决定给他们机会做一个比较。

皇帝要求这两组人员各自去整修一个小寺庙，而这两个组互相面对面。三天之后，皇帝要来验收成果。

工匠们向皇帝要了一百多种颜色的颜料（漆），又要了很多工具；而让皇帝很奇怪的是，和尚们居然只要了一些抹布与水桶等简单的清洁用具。

三天之后，皇帝来验收。

他首先看了工匠们所装饰的寺庙，工匠们敲锣打鼓地庆祝工程的完成，他们用了非常多的颜料，以非常精巧的手艺把寺庙装饰得五颜六色。

皇帝满意地点点头，接着回过头来看看和尚们负责整修的寺庙。他看了一下就愣住了，和尚们所整修的寺庙没有涂上任何颜料，他们只是把所有的墙壁、桌椅、窗户等都擦拭得非常干净，寺庙中所有的物品都显出了它们原来的颜色，而它们光亮的表面就像镜子一般，无瑕地反射出从外面而来的色彩，那天边多变的云彩、随风摇曳的树影，甚至是对面五颜六色的寺庙，都变成了这个寺庙美丽色彩的一部分，而这座寺庙只是宁静地接受这一切。

皇帝被这庄严的寺庙深深地感动了，当然我们也知道最后的胜负了。

我们的心就像是一座寺庙，我们不需要用各种精巧的装饰来美化我们的心灵，我们需要的，只是让内在原有的美无瑕地显现出来。

人生的目的不是面面俱到，不是多多益善，而是把已经掌握的东西得心应手地去运用。如同宝剑一样，剑刃越薄越好，重量越轻越好。

有只狐狸被猎人用套夹夹住了一只爪子，它毫不迟疑地咬断了那只小腿，然后逃命。放弃一条腿而保全一条性命，这是狐狸的哲学。人生亦应如此，在生活强迫我们必须付出惨痛的代价以前，主动放弃局部利益而保全整体利益是最明智的选择。智者曰："两弊相衡取其轻，两利相权取其重。"趋利避害，这也正是放弃的实质。

我们的生命中有太多无用的东西，如果不是我们应该拥有的，那么就要学会放弃。只有学会放弃，才会活得更加充实、坦然和轻松。

剔除了杂质，才会留下无瑕之美

人的一生，就像一趟旅行，沿途有数不尽的坎坷泥泞，但也有看不完的春花秋月。如果我们的一颗心总是被灰暗的风尘所覆盖，丁涸了心泉、黯淡了目光、失去了生机、丧失了斗志，人生轨迹岂能美好？

心理学家曾指出：人是最会制造垃圾污染自己的动物之一。清洁工每天早上都要清理人们制造的成堆的垃圾，这些有形的垃圾容易清理，而人们内心诸如烦恼、欲望、忧愁、痛苦等无形的垃圾却不那么容易清理了。

我们在装修房子的时候，总是会小心谨慎地制订详细的方案，研究每一个细节，墙壁的颜色，地板的质地，吊灯的造型，都是不可忽视的部分。我们为自己的家园精心选择了最好的建材。但是在建设精神家园的时候，我们却太粗心了。虽然精神家园比物质家园重要得多，但是很多人出于各种原因不肯多费心思。那些类似恐惧、烦恼、焦虑、不安等消极念头一旦成为精神家园的建材，那么它们便可能发霉、腐烂，我们的心灵世界就岌岌可危了。

所以，为了保持心灵家园的纯洁，我们必须选择勇敢、乐观、积极的思想，并且及时进行"精神扫除"。清扫心灵不像日常生活中扫地那样简单，它充满着心灵的挣扎与痛苦。不过，你可以告诉自己：每天扫一点，每一次的清扫，并不表示这就是最后一次。而且，没有人规定你一次必须扫完。但你至少要经常清扫，及时丢弃或扫掉拖累你心灵的东西。

还有一个更好的方法，就是用美德来充盈我们的心灵空间，让垃圾再无容身之处。

有这样一位哲学家，他带着他的一群学生去漫游世界，十年间，他们游历了所有的国家，拜访了所有有学问的人，现在他们回来了，个个满腹经纶。在进城之前，哲学家在郊外的一片草地上坐下来，对他的学生说："十年游历，你们都已是饱学之士，现在学业就要结束了，我们上最后一课吧！"

弟子们围着哲学家坐了下来，哲学家问："现在我们坐在什么地方？"弟子们答："现在我们坐在旷野里。"哲学家又问："旷野里长着什么？"弟子们说："旷野里长满杂草。"

哲学家说："对，旷野里长满杂草，现在我想知道的是如何除掉这些杂草。"弟子们非常惊愕，他们都没有想到，一直在探讨人生奥妙的哲学家，最后一课问的竟是这么简单的一个问题。

一个弟子首先开口说："老师，只要有铲子就够了。"哲学家点点头。

另一个弟子接着说："用火烧也是很好的一种办法。"哲学家微笑了一下，示意下一位。

第三个弟子说："撒上石灰就会除掉所有的杂草。"

接着第四个弟子说："斩草除根，只要把根挖出来就行了。"

等弟子们都讲完了，哲学家站了起来，说："课就上到这里了，你们回去后，按照各自的方法除去一片杂草，一年后再来相聚。"

一年后，他们都来了，不过原来相聚的地方已不再是杂草丛生，它变成了一片长满谷子的庄稼地。

所以，如果你想让自己的心灵世界再无纷扰，唯一的方法就是用好的品格占据它一个人，在尘世间走得太久了，心灵无可避免地会沾染上尘埃，使原来洁净的心灵受到污染和蒙蔽。的确，对一个未知的开始，而你又不确定哪些是你想要的。所以，不要害怕自己选择了错误的东西，但一旦发现错误，一定要及时修正，清除心中的杂质，让自己纯净的心灵重新显现。

在人事与天命间找回单纯的心

孔子说："吃粗粮，喝淡水，弯起胳膊当枕头，乐在其中。那不合义理的财富和高贵，对我来说，犹如天边浮云。"辜鸿铭先生认为，孔子一生追求快乐，讲究快乐，不主张苦修，如学习的快乐、交友的快乐、悟道的快乐。贫而乐，粗食淡水，曲肱而枕，幕天席地，面对苍天，仰依大地，其乐无穷。而对于富贵名利，却看得如浮云般不值一提。因为孔子深知，在名利的旋涡中人将很难找回自己。

世间有很多人，在尚未显达前非常努力，低声下气，认真地付出自己的能力，以争取他人信任。有朝一日，当他财、名、利共聚时，傲慢之心就随之而生，忘了当初困顿的生活，而这一切皆是因权势名利牵缠。"天下熙熙，皆为利来；天下攘攘，皆为利往。"人心一旦被名利牵制，将造成不堪设想的后果。有智慧的人，在短暂的人生里，视荣华富贵如同浮云、梦境，也如草上的露水。而愚痴者则是被权势名利所迷惑。

孔子曾说："贤哉！回也。一箪食，一瓢饮，在陋巷，人不堪其忧，回也不改其乐。贤哉！回也。"颜回家境极其贫困，内心却快乐无比，这种精神连孔子都不禁赞叹、折服。但是，也许有人会误解，安贫乐道不就是不思进取吗？不被名利所困，那干脆就放弃自我，随波逐流，不努力，也不奋斗，就这样做一天和尚撞一天钟吧。

而事实恰恰相反，那些真正的智者贤人，通常都是既不为名利牵引，又愿意以自身的力量来努力寻求人生价值的人。我们看释迦牟尼佛，他原是一个国家的太子，能享尽天下的富贵荣华，但作为一个真正的智慧者，所要追求的却是纯真的人生，以及内心的觉醒，并希望可以解救天下苍生的困顿。

这里就有一种生命的态度问题，也就是我们常常听说的"尽人事，听天命"。我们能够做到的事，一定要尽力做，尽全力做，并且以最好的目标为努力的方向。而另一方面，我们也以最坏的结果作为打算。我们尽力去做好自己，至于结果，就不必太放在心上。用于丹的话来说，在黑与白，是与非之间应该找到一个中间地带，说穿了，就是要在"尽人事"和"知天命"间找到平衡的支点。在全力以赴和不问结果，尽力而为和适可而止的中间找到和谐的统一与共融。

曾经有一位武术大师隐居于山林中。由于他的名声，人们都千里迢迢来拜访他，想跟他学些武术方面的窍门。他们到达深山的时候，发现大师正从山谷里挑水。他挑的不多，两只水桶都没有装满水。按他们的想象，大师应该能够挑很大的桶，而且挑得满满的。

他们不解地问："大师，这是什么道理？"大师说："挑水之道并不在于挑多，而在于挑得够用。一味贪多，适得其反。"众人越发不解。

大师从他们中拉了一个人，让他重新从山谷里打了两满桶水。那人挑得非常吃力，没走几步，就跌倒在地，水全都洒了，那人的膝盖也摔破了。"水洒了，岂不是还得回头重打一桶吗？膝盖破了，走路艰难，岂不是比刚才挑得还少吗？"大师说。

"那么大师，请问具体挑多少，怎么估计呢？"大师笑道："你们看这个桶。"众人看去，大师在桶里画了一条线。大师说："这条线是底线，水绝对不能高于这条线，高于这条线就超过了自己的能力和需要。起初还需要画一条线，挑的次数多了以后就不用看那条线了，凭感觉就知道是多是少。这条线可以提醒我们，凡事要尽力而为，也要量力而行。"

这个故事给了我们很大的启示，最简单也最深刻的道理就是："尽力而为，量力而行！"在现实生活中，我们树立自己高远目标的同时，也要画好自己的底线。永远也别好高骛远，但也应避免鼠目寸光。

这个时候，我们再回到最初的故事，我们看孔子说只要粗茶淡饭就够了，富贵名利都是过眼浮云。可我们仔细想想，孔子一生周游列国，宣传自己的思想和理想，并没有任何放弃名利就随波逐流的行为。相反，他不断实践着自己的教育理念，培养了许多道德楷模与名臣贤

士。可见，听天命只是我们尽人事的一种精神依托，就像王安石在
《游褒禅山记》中说的那样，"尽吾志也，而不能至者，可以无悔矣。"
能够尽到自己的能力，即便不能够达到目的，但也算没有遗憾了。如
果能够这样不计结果地投入、努力，而又不被外在名利所累，那么我
们每个人都能寻回自己一颗单纯的"初心"。

把自身塑造成它所选择的模样

　　无论是基督教还是佛教，都为人们许诺了一个理想的净土，在那里，有人们期待的一切快乐，同时避免了人们恐惧和烦恼的种种痛苦。这乐土是信仰之人的希望，为了这个彼岸的幸福，他们乐于在此生行善或者忍受。可是没有宗教信仰的人，他们的思想里没有任何关于"彼岸"或"来生"的承诺，因此他们要想获得精神上的愉悦，就只能在自我德性的修养和提升中得到满足。

　　对于品德高尚的人来说，即使所有别人都不相信他们是过着一种简朴、谦虚和满足的生活，他们也绝不对任何一个人感到愤怒，也不偏离自己所选择的并且十分钟爱的这条道路。他们循此而达到纯粹、宁静的境界，并没有任何强迫地完全安心于自己的命运。

　　确实，如果在生活中有这样一个人，他具备高尚的品质和德行，可是他的德行并不是为了赢得别人的赞赏和长久的名声，也不期待这能够为他带来某些现实的利益，他只是对于自己品德高尚这一点而感到满足，感到不需要其他东西来填充自己的人生，那么他也一定能赢得人们的尊重。

　　一个灯塔守护人在一座孤岛上生活了将近40年。当他还是一个毛头小伙子时，就随着伯父来到了这座孤岛。白天，叔侄两人出海捕鱼；晚上，就燃起篝火，为过往的轮船引航。20年后，伯父死了，他就一个人守护着孤岛上的灯塔。一个狂风暴雨的夜里，一艘客轮在灯塔的指引下，安全地停泊在孤岛避风处的港湾。船长上岸后，万分感激地对守塔人说："如果没有这座灯塔的指引，我这艘客船，还有满船的乘客，早就葬身海底了。作为感谢，我要带你离开这个地方，并且每月至少给你2500美元的薪水。"

守塔人笑着摇摇头。

船长大惑不解："难道你不想过安逸的生活吗？"

守塔人平静地说："想！但是这里就是我的岗位。10 年前遭遇风暴的船长和你一样，答应给我 3000 美元的薪水。可是假如我当时真的答应他，离开了这里，后来的那些船只，包括你的客船，今天还能获救吗？"

船长如梦方醒，激动而又惭愧地拥抱守塔人。

灯塔守护人在自己的岗位上拯救了一艘又一艘的航船，可是在面临现实的诱惑时，他只是忠于自己的思想，将自己的人生定位在为航船指引方向的位置上，这就是他不为外界所动，按照自身的想法塑造自己的崇高境界。

在生活中，我们每个人都可能有一个或者更多的心愿，当我们决定按照自己的心愿设计人生的时候，却要面对各种各样的诱惑，这个时候，就需要我们充分地了解自己的思想，忠于自己的灵魂，而不是见到了更好的事物，就忘记了自己的初衷。

品德高尚的人，不管外部缠绕的事物是如何的具备诱惑力，他都能在理智的指引下，避免可怜的肉体感觉阻挠自己最初的信仰。

第十一章
幸福就是珍惜拥有

　　舍弃是一种选择，更是一种睿智。明智的放弃胜过盲目的执着，它驱散了乌云，清扫了思绪，它让你不盲从、不迷失、不狭隘。当你能够睿智而坦然地放弃的时候，你的生命就得到了升华，你的灵魂也将得到重生。

扬弃才能超常

中国有句古话：有所为就有所不为。有所得，就必有所失。什么都想得到，只能是生活中的侏儒。要想获得某种超常的发挥，就必须扬弃许多东西。瞎子的耳朵最灵，因为眼睛看不见，他必须竖着耳朵听，久而久之，耳朵达到了超常的功能。会计的心算能力最差，2 加 3 也要用算盘打一遍，摆地摊的则是速算专家。生活中也一样，当你的某种功能充分发挥时，其他功能就可能退化。

如果我们发现自己的老板并不是一个睿智的人，并没有注意到我们所付出的努力，也没有给予相应的回报，那么也不要懊丧，我们可以换一个角度来思考：现在的努力并不是为了现在的回报，而是为了未来。我们投身于商业是为了自己，是在为了自己而工作。人生并不是只有现在，而且有更长远的未来。固然，薪水要努力多挣些，但那只是个短期的小问题，最重要的是获得不断晋升的机会，为未来获得更多的收入奠定基础。更何况生存问题需要通过发展来解决，眼光只盯着温饱，得到的永远只有温饱。

暂时的放弃是为了未来更好的获得。尽管薪水微薄，但是，我们应该认识到，老板交付给的任务能锻炼我的意志，上司分配给我们的工作能发展我们的才能，与同事的合作能培养我们的人格，与客户的交流能训练我们的品性。企业是我们生活的另一所学校，工作能够丰富我们的思想，增进我们的智慧。

比如俾斯麦，别的方面我们姑且不谈，但在这一点上，他还是有值得学习的地方。俾斯麦在德国驻俄外交部工作时，薪水也很低，但是他从来没有因为自己的工资低而放弃努力。在那里他学到了很多外交技巧，也锻炼了自身决策能力，这些对他后来的政治活动影响很大。

　　许多商界名人开始工作时收入都不高，但是他们从来没有将眼光局限于此，而是始终不渝地努力工作。在他们看来，缺少的不是金钱，而是能力、经验和机会。最后当他们功成名就之时，又如何衡量他们的收入是多少呢！

　　在你工作时，要时刻告诫自己：我要为自己的现在和将来而努力。无论你的工资收入是多还是少，都要清楚地认识到那只是你从工作中获得的一小部分。不要太多考虑你的工资，而应该用更多的时间去接受新的知识，培养自己的能力，展现自己的才华，因为这些东西才是真正的无价之宝。在你未来的资产中，它们的价值远远超过了现在所积累的货币资产。当你从一个新手、一个无知的员工成长为一个熟练的、高效的管理者时，你实际上已经大有收获了。你可以在其他公司甚至自己独立创业时，充分发挥这些才能，而获得更高的报酬。

　　也许你的老板可以控制你的工资，可是他无法遮住你的眼睛，捂上你的耳朵，阻止你去思考、去学习。换句话说，他无法阻止你为将来所做的努力，也无法剥夺你因此而得到的回报。

　　但是生活中也有不少人为了求得一份收入丰厚的工作，放弃了个人的兴趣追求。工作时往往超负荷运转，个人空间极小。从社会对劳动力的不同需求来看，这种选择无可厚非。但这往往并不是人们心目中最理想的选择。赚钱当然是必要的，但人们除了工作之外，对其他事物也有追求，如自由的时间、良好的健康、满意的人际关系和幸福的家庭，等等。因此，一份相对自由的、能充分发挥个人聪明才智的工作将越来越成为人们的首选择业目标。这样，人们就可能拥有更多灵活的时间，弹性安排自己的生活。这样的工作才是个性化的、理想的工作。

　　人，必须懂得及时抽身，离开那看似最赚钱却不再有进步的地方；必须鼓起勇气，不断学习，再去开创生命的另一高峰。

错过花朵，你将收获雨滴

生活中有一种痛苦叫错过。人生中一些极美、极珍贵的东西，常常与我们失之交臂，这时的我们总会因为错过美好而感到遗憾和痛苦。其实喜欢一样东西不一定非要得到它，俗话说："得不到的东西永远是最好的。"当你为一份美好而心醉时，远远地欣赏它或许是最明智的选择，错过它或许还会给你带来意想不到的收获。

美国的哈佛大学要在中国招一名学生，这名学生的所有费用由美国政府全额提供。初试结束了，有30名学生成为候选人。

考试结束后的第10天，是面试的日子。30名学生及其家长云集锦江饭店等待面试。当主考官劳伦斯·金出现在饭店的大厅时，一下子被大家围了起来，他们用流利的英语向他问候，有的甚至还迫不及待地向他作自我介绍。这时，只有一名学生，由于起身晚了一步，没来得及围上去，等他想接近主考官时，主考官的周围已经是水泄不通了，根本没有插空而入的可能。

于是他错过了接近主考官的大好机会，他觉得自己也许已经错过了机会，于是有些懊丧起来。正在这时，他看见一个异国女人有些落寞地站在大厅一角，目光茫然地望着窗外，他想：身在异国的她是不是遇到了什么麻烦，不知自己能不能帮上忙？于是他走过去，彬彬有礼地和她打招呼，然后向她做了自我介绍，最后他问道："夫人，您有什么需要我帮助的吗？"接下来两个人聊得非常投机。

后来这名学生被劳伦斯·金选中了，在30名候选人中，他的成绩并不是最好的，而且面试之前他错过了跟主考官套近乎、加深自己在主考官心目中印象的最佳机会，但是他无心插柳柳成荫。原来，那位异国女子正是劳伦斯·金的夫人。

　　这件事曾经引起很多人的震动：原来错过了美丽，收获的并不一定是遗憾，有时甚至可能是圆满。

　　许多的心情，可能只有经历过之后才会懂得，如感情，痛过了之后才会懂得如何保护自己，傻过了之后才会懂得适时地坚持与放弃，在得到与失去的过程中，我们慢慢地认识自己，其实生活并不需要这么些无谓的执着，没有什么真的不能割舍的，学会放弃，生活会更容易！

　　因此，在你感觉到人生处于最困顿的时刻，也不要为错过而惋惜。失去的折磨会带给你意想不到的收获。花朵虽美，但毕竟有凋谢的一天，请不要再对花长叹了。因为可能在接下来的时间里，你将收获雨滴的温馨和戏雨的浪漫。

幸福往往就在一拿一放之间

人生中，左右为难的情形会时常出现：比如面对两份同具诱惑力的工作，两个同具诱惑力的追求者。为了得到其中"一半"，你必须放弃另外"一半"。若过多地权衡，患得患失，到头来将两手空空，一无所得。我们不必为此感到悲伤，能抓住人生"一半"的美好已经是很不容易的事情。

两个朋友一同去参观动物园。动物园非常大，他们的时间有限，不可能参观到所有动物。他们便约定：不走回头路，每到一处路口，选择其中一个方向前进。

第一个路口出现在眼前时，路标上写着一侧通往狮子园，一侧通往老虎山。他们琢磨了一下，选择了狮子园，因为狮子是"草原之王"。又到一处路口，分别通向熊猫馆和孔雀馆，他们选择了熊猫馆，熊猫是"国宝"嘛……

他们一边走，一边选择。每选择一次，就放弃一次，遗憾一次。因为时间不等人，如不这样做他们遗憾将更多。只有迅速作出选择，才能减少遗憾，得到更多的收获。

选择和取舍时必须要有理性、睿智和远见卓识，不可鼠目寸光，不可急功近利，更不可本末倒置、因小失大。选择不是一锤子的买卖，不能因为一粒芝麻丢了西瓜；不能因为留恋一棵小树而失去整片的森林。

很多时候，我们总是想选择这个的时候，却害怕错过那个，于是拿起来又放下，到最后一刻还在犹豫，这个会有这样的缺点，那个会有那样的不足，所以总迟迟下不了决心，或者选择之后，又来回地更改，在这样患得患失间耽搁了不少时间，浪费了不少精力。世界上没有一个十全十美的东西让你选择，每一样东西都会有它自身的弱点，所以，当你选择之后就大胆地往前走，而不是一步三回头，这在很大程度上影响了前进的进程。

而那些事业有成之士，总会在抉择之后一直走下去。

释迦牟尼在宗教事业和王位之间，选择了创立佛学；鲁迅在拯救人的灵魂和人的身体之间选择成为一代文豪；迈克尔·乔丹放弃了棒球运动员的梦想，成为世界篮坛上最耀眼的"飞人"球星；帕瓦罗蒂放弃了教师职业，成为名扬世界的歌坛巨星。

有些选项看似诱人，但如果不适合自己，那就要果断舍弃。作出什么样的选择，要视自身条件和具体情况而定，要有主见，不能人云亦云。

人生的大多数时候，无论我们怎样审慎地选择，终归都不会是尽善尽美，总会留有缺憾。但缺憾本身也是一种美。

社会大舞台上，每个人都是自己生活和生存方式的编导兼演员。只有学会正确地进行选择，果敢地作出舍弃，才能演绎出精彩的人生喜剧。

个人利害不足以评善恶

我们在给其他事物作出评价的时候，常常遵循的是自己的喜好：自己喜欢的，或者能够给自己带来更多好处的，我们就说它是好的；自己不喜欢的，或者不能给自己带来好处反而可能会带来伤害的，我们可能就会说它是坏事。可是自己的喜好并不能成为评断好坏的标准。我们只有先抛开个人的喜好，静下心来，心平气和地对事物进行充分的调查、了解和分析，才能保证我们所作出的判断或得出的结论是正确的。

正如在善恶的分辨上，不能仅仅站在自己的立场，以一己之私评判哪个是好的，哪个是坏的。以个人利害评善恶就是狭隘的门户之见。

德国诗人歌德曾说："真理就像上帝一样。我们看不见它的本来面目，我们必须通过它的许多表现而猜测到它的存在。"真理往往细弱如丝，混杂在一堆假象里，我们的眼睛、我们的心智甚至我们道德上的缺失都会阻碍我们去敲响真理的门，对不了解的事，对尚未为人所知的领域作出错误的判断。

我们之所以需要事先对事物进行全面而深刻的了解和分析，在很大的程度上是因为很多事情并不像它看上去那样。

两个旅行中的天使到一个富有的家庭借宿。这家人对他们并不友好，并且拒绝让他们在舒适的客房里过夜，而是在冰冷的地下室给他们找了一个角落。当他们铺床时，较老的天使发现墙上有一个洞，就顺手把它修补好了。年轻的天使问为什么，老天使答道："有些事并不像它看上去的那样。"第二晚，两人又到了一个非常贫穷的农家借宿。主人夫妇对他们非常热情，把仅有的一点点食物拿出来款待客人，然后又让出自己的床铺给两个天使。第二天一早，两个天使发现农夫和他的妻子在哭泣，他们唯一的生活来源——那头奶牛死了。

年轻的天使非常愤怒，他质问老天使为什么会这样，第一个家庭什么都有，老天使还帮助他们修补墙洞；第二个家庭尽管如此贫穷，却还是热情款待客人，而老天使没有阻止奶牛的死亡。

"有些事并不像它看上去的那样。"老天使答道，"当我们在地下室过夜时，我从墙洞看到墙里面堆满了古代人藏于此的金块。因为主人被贪欲所迷惑，不愿意分享他的财富，所以我把墙洞填上了。昨天晚上，死亡之神来召唤农夫的妻子，我让奶牛代替了她。所以有些事并不像它看上去的那样。"

小天使为什么抱怨呢？因为他是以两家对待他的态度为评判标准的，他断定的善恶恰好与事实相反。

真理并不是那么轻而易举就能被我们掌握的。很多事情就正如上述的故事一样，并不像它看上去的那样。善恶亦是如此，即使在很好地掌握知识的前提下，我们也没有资格来定善恶，就像我们在看电视、电影时，总要说清谁是好人、谁是坏人，硬要像开辩论会一样弄个正方反方的。

人的视野是很局限的，怎么能知晓冥冥之中的天意呢？人都是有缺陷的，善恶的天平掌握在老天手里。

一个年轻人去拜访一位住在大山里的禅师，与他讨论关于美德的问题。

这时候，一个强盗也找到了禅师，他跪在禅师面前说："禅师，我的罪过太大了，很多年以来我一直寝食难安，难以摆脱心魔的困扰，所以我才来找你，请你为我澄清心灵。"

禅师对他说："你找我可能找错人了，我的罪孽可能比你的更深重。"

强盗说："我做过很多坏事。"

禅师说："我曾经做过的坏事肯定比你做的还要多。"

强盗又说："我杀过很多人，只要闭上眼睛我就能看见他们的鲜血。"

禅师也说："我也杀过很多人，我不用闭上眼睛就能看见他们的鲜血。"

强盗说："我做的一些事简直没有人性。"

禅师回答："我都不敢去想那些我以前做过的没人性的事。"

强盗听禅师这么说，便用一种鄙夷的眼神看了禅师一眼，说："既然你是这么一个人，为什么还在这里自称为禅师，还在这里骗人呢！"

于是他起身，一脸轻松地下山去了。

年轻人在旁边一直没有说话，等到那个强盗离去以后，他满脸疑惑地向禅师问道："你为什么要这样说？我了解你是一个品德高尚的人，一生中从未杀过生。你为什么要把自己说成是个十恶不赦的坏人呢？难道你没有从那个强盗的眼中看到他已对你失去信任了吗？"

禅师说道："他的确已经不信任我了，但是你难道没有从他的眼睛中看到他如释重负的感觉吗？还有什么比让他弃恶从善更好的呢？"

年轻人激动地说："我终于明白什么叫作美德了！"

美德是一种度化。它不以自己的得失为基准，而是为他人奉献多少。所以，在评论一个人是否具备美德时，不能以获得了多少来评断，而是要看他舍弃了多少。

存心舍弃，会有加倍的获得

有人喜欢对于别人的财富抓住不放，也有人明知道是自己的财富却选择了舍弃。贪图别人财富的人，必将在获得的同时付出更多的代价，而主动舍弃的人，可能会得到上苍加倍的馈赠。

英国退役军官迈克莱恩，曾是一名探险队员。1976年，他随英国探险队成功登上珠穆朗玛峰。而在下山的路上，却遇上了狂风大雪。每行一步都极其艰难，最让他们害怕的是，风雪根本就没有停下的迹象。这时，他们的食品已为数不多，如果停下来扎营休息，他们很可能在没有下山之前，就会被饿死；如果继续前行，大部分路标早已被大雪覆盖，不仅要走许多弯路，而且，每个队员身上所带的增氧设备及行李等物，会压得他们喘不过气来，这样下去就会步履缓慢，他们不饿死，也会因疲劳而倒下。

在整个探险队陷入迷茫的时候，迈克莱恩率先丢弃所有的随身装备，只留下不多的食品，轻装前行。他的这一举动几乎遭到所有队员的反对，他们认为现在离下山最快也要十天时间。这就意味着这十天里不仅不能扎营休息，还可能因缺氧而使体温下降，导致冻坏身体。那样，他们的生命，将是极其危险的。而对队友的顾忌，迈克莱恩很坚定地告诉他们："我们必须而且只能这样做，这样的雪山天气十天半月都有可能不会好转，再拖延下去，路标也会被全部掩埋，丢掉重物，就不允许我们再有任何幻想和杂念，只要我们坚定信心，徒手而行，就可以提高行走速度，也许这样我们还有生的希望！"最终队员们采纳了他的意见，一路上相互鼓励，忍受疲劳和寒冷，不分昼夜前行，结果只用了8天时间，就到达了安全地带。而恶劣的天气，正像他所预料的那样，从未好转过。

若干年后，伦敦英国国家军事博物馆的工作人员，找到迈克莱恩，请求他赠送任何一件与英国探险队当年登上珠穆朗玛峰有关的物品，不料收到的却是迈克莱恩因冻坏而被截下的 10 个脚趾和 5 个右手指尖。当年的一次正确的放弃，挽救了所有队员的生命；也是由于这个选择，他们的登山装备无一保存下来，而冻坏的指尖和脚趾，却在医院截掉后，留在了身边。这是博物馆收到的最奇特而又最珍贵的赠品。

因为舍弃了随身携带的物品，所以探险队的身体都受到了被冻坏的威胁。可是与自己的损害相比，别的队员的生命更加重要。所以，在舍弃之后，他们得到了上天的馈赠——宝贵的生命。

生活里，经常会遇到让我们选择的时候。如果我们单单想到获得，而不想舍弃，那么我们可能失去的更多。有时候，我们主动去舍弃，反而会得到更多。

不舍弃鲜花的绚丽，就得不到果实的香甜

社会发展的速度很快，诱惑随之增多，很多人在诱惑面前停下了自己的脚步。面对层出不穷的诱惑，很多人忘记了自己的方向，在旋涡中纠缠不止、平庸一生。

其实，人生的"口袋"只能装载一定的重量，人的前进行程就是一个不断舍弃的过程。没有舍弃，你就可能被包袱压"死"在前进的途中。

拉斐尔11岁那年，一有机会便去湖心岛钓鱼。在鲈鱼钓猎开禁前的一天傍晚，他和妈妈早早又来钓鱼。安好诱饵后，他将渔线一次次甩向湖心，湖水在落日余晖下泛起一圈圈的涟漪。

忽然钓竿的另一头沉重起来。他知道一定有大家伙上钩，急忙收起渔线。终于，孩子小心翼翼地把一条竭力挣扎的鱼拉出水面。好大的鱼啊！它是一条鲈鱼。

月光下，鱼鳃一吐一纳地翕动着。妈妈打亮小电筒看看表，已是晚上十点——但距允许钓猎鲈鱼的时间还差两个小时。

"你得把它放回去，儿子。"母亲说。

"妈妈！"孩子哭了。

"还会有别的鱼的。"母亲安慰他。

"再没有这么大的鱼了。"孩子伤感不已。

他环视了四周，已看不到一个鱼艇或钓鱼的人，但他从母亲坚决的脸上知道无可更改。暗夜中，那鲈鱼抖动笨大的身躯慢慢游向湖水深处，渐渐消失了。

这是很多年前的事了，后来拉斐尔成为纽约市著名的建筑师了。他确实没再钓到那么大的鱼，但他为此终身感谢母亲。因为他通过自己的诚实、勤奋、守法，猎取到生活中的大鱼——事业上成绩斐然。

曾有人写过这样一首小诗：

不舍弃鲜花的绚丽，就得不到果实的香甜；

不舍弃黑夜的温馨，就得不到朝日的明艳。

自然界是这样，人生也是这样，在几十年的漫漫旅途中，有山有水，有风有雨，有舍弃"绚丽"和"温馨"的烦恼，也有获得"香甜"和"明艳"的喜悦，人生就是在舍弃和获得的交替中得到升华，从而到达高层次的大境界。从这个意义上来说，获得很美丽，舍弃也很美丽。

人是有思维会说话的"万物之灵"，理所当然地要比河狸更懂得生活中舍弃与获得的道理，必要的舍弃是为了更好地获得。"万事如意""心想事成""只有想不到，没有办不到"这些话只是一种外交辞令，朋友间自欺欺人的祝贺用语，一厢情愿的心理满足罢了。在生活中是不存在的，因为它不符合生活的辩证法。

有人说，人生之难胜过逆水行舟，此话不假。人生在世界上，不如意的事情占十之八九，获得和舍弃的矛盾时刻困扰着我们，明白了舍弃之道和获得之法，并运用于生活，我们就能从无尽的繁难中解脱出来，在人生的道路上进退自如、豁达大度。

不知是哪一位哲人说过，人生最远的距离是"知"和"行"。有舍弃才有获得，道理谁都懂得，可是要照着去做，那可就不容易。不容易在哪里？外面的世界很精彩，舍弃很痛苦。精彩的世界里充满着诱惑，要舍弃的事情有时很美丽，不知道哪些是该获得的，哪些是该舍弃的。

生活在尘世中的人们，有一个可怕的心理，就是"终朝只恨聚无多"，干什么都想赢，舍弃谈何容易？纵观社会，横看人生，有撑死的，也有饿死的；有穷死的，也有富死的；有能死的，也有窝囊死的；有因祸得福的，也有因福得祸的，如此等等，不一而足。何时该获得，何时该舍弃，真的很困难，天下没有放之四海而皆准的真理，只有根据此时、此地、此情、此景去综合考虑。

要有计划地抛弃阻碍发展的因素

《荒漠甘泉》中说："我们一生最得意的纪念，最宝贵的经历，最可夸的生理，最有效的侍奉，常会被后来的软弱、失败、跌倒、灰心、冷淡、退缩等吞噬。许多成大事业的人，往往结局都是如此。想起来也觉得可怕。虽然是事实，但并非无法避免。戈登说：要避免这种悲剧，只有一个稳妥的方法，那就是时时与神有新鲜的接触。"

有宗教信仰的人，会把希望寄托于神。可是不管是有神论者和无神论者，都可能会遇到这样的难题，就是曾经的记忆禁锢了自己的思想，以前积累的经验没有帮助我们进步，反而限制我们朝着更好的方向发展。

古希腊的一位哲人在风烛残年之际，知道自己时日不多了，就想考验和点化一下他那位平时看来很不错的助手。他把助手叫到床前，说："我的蜡所剩不多了，得找另一根蜡接着点下去，你明白我的意思吗？"

"明白，"那位助手赶忙说，"您的思想光辉是得很好地传承下去……"

"可是，"哲人慢悠悠地说，"我需要一位最优秀的传承者，他不但要有相当的智慧，还必须有充分的信心和非凡的勇气……你帮我寻找一位好吗？"

"我一定竭尽全力。"

哲人笑了笑。

那位忠诚而勤奋的助手，不辞辛劳地通过各种渠道开始四处寻找了。可他领来一位又一位，都被哲人一一婉言谢绝。一次，当那位助手再次无功而返时，病入膏肓的哲人硬撑着坐起来，说："真是辛苦你了，不过，你找来的那些人，其实都不如……"

"我一定加倍努力，"助手恳切地说，"找遍五湖四海，也要把最优秀的人选挖掘出来。"哲人笑笑，不再说话。

半年之后，哲人眼看就要告别人世，最优秀的人选还是没有眉目。助手非常惭愧："我真对不起您，令您失望了！"

"失望的是我，对不起的却是你自己，"哲人很失意地闭上眼睛，停顿了许久，才又不无哀怨地说，"本来，最优秀的就是你自己，只是你被以前的经验蒙蔽了双眼，不敢相信自己，才把自己给忽略、给丢失了……其实，每个人都是最优秀的，差别就在于如何认识自己、如何发掘和重用自己……"一代哲人就这样永远地离开了他曾经深切关注着的世界。

那位助手后悔莫及，以至自责了整个后半生。

这位助手一直用过去形成的经验来评价自己，所以他丧失了一次很好的机会。

在生活中，有很多人会跟那位助手犯相同的错误。我们都习惯于用过去的事情来评定自己，比如过去曾把一件事情做得很好，那么再次遇到同样的事情，就以为凭借原来的经验也可以做得很好；过去没尝试过的东西或者曾经失败的事物，再次面对的时候就觉得自己不行……过去的思维总是限制着我们重新认识自己，所以那些老经验并不一定总是有利于我们以后的发展。有利的，我们要发扬，但是对于那些可能阻碍未来发展的，我们就要大胆地摒弃。如果实在分不清什么是有益的，那么我们就应该及时地把自己清零，每天都用一个崭新的自己跟生活对接。